江苏省哲学社会科学基
"基于《中国英语能力等级量表》的语用能力测

二语语用能力理论与测试研究

陈新仁 李 民 等著

 南京大学出版社

前 言

外语教育的一项根本任务是培养具有家国情怀、国际视野，能够胜任文明互鉴与文化传承的外语专业或非外语专业人才。这就意味着，当今外语教育不能再像传统外语教学那样拘泥于甚至满足于外国语言、外国文学与异域文化的知识传授以及外语听说读写译的技能训练，而应充分培养学生运用外语开展有思想、有立场、有分寸的跨文化交际的能力。

语用能力是跨文化交际能力的重要组成部分。随着外语教育的"语用转向"，语用能力已逐步成为外语教师与学生关乎的焦点。相关文献表明，语用能力未必与外语知识和技能习得同步发展。人们意识到，外语知识的习得和外语技能的训练不仅要服务于知识获取能力的拓展，而且要服务于语用能力的发展，服务于当下尤其是未来的跨文化交际。外语学习者不仅要会讲外语、写外语，更要做得体的跨文化交际者。

20世纪80年代以来，关于（二语）语用能力的研究文献可以说已经是汗牛充栋了，足见研究者、教育者对语用能力的内涵、发展及其测试的广泛而持久的重视。撇开论文不谈，国内外涉及语用能力的论著已不下十部，那么我们为何仍要编写此书？通过对比本书与现有相关主题论著的研究内容，不难发现本书具有以下特点，也正是这些特点赋予了本书存在的理由与价值。

首先，本书汇聚了迄今为止国内外关于语用能力的各种理论视角，这是此前任何一本语用能力著作都不具备的特点或优点。

作为语用学领域的成熟概念，语用能力的定义、内涵甚至外延经历了一波又一波的变化与拓展。本书提供了全面把握语用能力理论发展脉络、路径的机会与资源。

其次，本书虽难以自冠为语用能力研究成果的"集大成者"，却无疑可以引发学者比较、剖析、反思各种语用能力核心观念、理论范式、研究路径、方法论选择等。当然，本书中随处可见中国学者与国际同行在语用能力研究、发展、测试等方面的"众声喧哗"，透过各种带有创新色彩的观点与模式，可以听得见中国学者的学术好声音，感受到中国学者日益增长的学术自信。

再次，本书将语用能力的理论研究与测试研究融为一体，与其说是出于项目研究的需要，毋宁说是两者的有机关联使然。理论研究如果脱离实践，往往会显得空泛；实践如果缺乏理论指导，则往往流于肤浅。以往文献中语用能力研究的应用取向更多关注的是语用能力的教学实践，对语用能力研究的测试应用关注较少。如此，本书可以在这方面及时补缺，为语用能力测试提供理论支撑，为语用能力理论研究提供来自测试的"反拨效应"。

最后，从语用能力测试角度看，本书不同于以往相关论著聚焦课堂教学环境下的语用测试，而是关注中国外语统一测试的国家需求，特别是对接《中国英语能力等级量表》中的语用能力测试维度，探讨如何基于该量表设计语用能力测试的方式，以及如何针对量表中的个别问题提出必要的调整与完善建议，从而为量表中的语用能力测试作出一定的贡献。

本书部分章节内容曾先后在《外语教学与研究》《现代外语》《中国外语》《外语教学理论与实践》《外语与外语教学》《外语研究》《外语学刊》《浙江外国语学院学报》等刊物中发表，这里对上述刊物致以衷心的感谢。

全书由陈新仁、李民总体设计、编排、统稿、校稿、撰写必要的章节引入段和小结等。各章节撰写人员分别为（以姓氏拼音为序）；陈新仁负责第1章、第3.1节和第11章；黄永亮负责第2.2节和第2.4节；李民负责第2.1节、第2.3节、第2.5节、第2.6节、第3.3节、第5章、第9章和第13章；卢加伟负责第3.2节、第4章和第12章；毛延生、喻倩负责第10章；王晓燕负责第6章；吴珏负责第8章；杨昆负责第7章。

由于水平有限，加之为团队合作成果，成书略显仓促，书中问题、讹误、行文风格差异等在所难免，敬请广大读者批评指正。

陈新仁 李民

2022年11月

目 录

第1章 导论 / 1

1.1 研究对象 / 1

1.2 研究目标 / 4

1.3 本书结构 / 5

上篇 语用能力理论研究

第2章 语用能力的定义与构念 / 9

2.1 语用能力的界定 / 9

2.2 《中国英语能力等级量表》中语用能力的界定 / 12

2.3 语用能力的分析框架 / 16

2.4 《中国英语能力等级量表》中语用能力的描述框架 / 21

2.5 陈新仁(2008,2009)语用能力分析框架的优势及尚待解决的问题 / 24

2.6 结语 / 32

第3章 不同理论视角下的语用能力研究 / 33

3.1 社会建构论视角 / 33

3.2 认知语用视角 / 45

3.3 国际通用语视角 / 55

3.4 结语 / 63

第4章 语用迁移与语用能力发展 / 65

4.1 语用迁移的定义与类型 / 65

4.2 语用迁移的影响因素 / 68

4.3 语用迁移研究存在的问题及研究方向 / 73

4.4 语用迁移与二语水平的关系实证研究 / 75

4.5 结语 / 98

第5章 语用能力发展的相关因素 / 99

5.1 语言水平与语用能力发展 / 99

5.2 语法能力与语用能力发展 / 101

5.3 性格类型与语用能力发展 / 103

5.4 认知风格与语用能力发展 / 105

5.5 结语 / 106

第6章 语用能力的可教性与教学方法 / 108

6.1 语用能力的可教性 / 108

6.2 语用能力的教学方法 / 114

6.3 结语 / 126

下篇 语用能力测试研究

第7章 语用能力测试的界定与内容 / 129

7.1 引言 / 129

7.2 语用能力测试的界定 / 130

7.3 语用能力测试的内容 / 132

7.4 结语 / 138

第8章 语用能力测试的主要方法与效度 / 139

8.1 语用能力测试的主要方法 / 139

8.2 语用能力测试的效度 / 144

8.3 结语 / 153

第9章 《中国英语能力等级量表》语用能力量表效度研究 / 154

9.1 导言 / 154

9.2 研究设计 / 157

9.3 语用能力量表的效度及其影响因素 / 160

9.4 结语 / 166

第10章 基于《中国英语能力等级量表》的语用能力测试：以听力理解为例 / 170

10.1 引言 / 170

10.2 文献回顾 / 171

10.3 研究设计 / 173

10.4 研究发现 / 175

10.5 结语 / 184

第11章 基于《中国英语能力等级量表》的英语口语测试题研究 / 186

11.1 引言 / 186

11.2 研究框架 / 187

11.3 口语语用测试的内容描述 / 190

11.4 口语语用测试的评价标准 / 191

11.5 口语语用测试的效度验证 / 193

二语语用能力理论与测试研究

11.6 结语 / 198

第 12 章 基于《量表》的语用能力测试的若干关键问题 / 202

12.1 语用能力测试与《中国英语能力等级量表》/ 202

12.2 语用能力测试关键问题一：与其他能力测试之间的关系 / 203

12.3 语用能力测试关键问题二：区分维度 / 204

12.4 语用能力测试关键问题三：题型结构及其分值 / 209

12.5 语用能力测试关键问题四：效度 / 211

12.6 结语 / 212

第 13 章 结论 / 213

13.1 语用能力理论研究的主要成果及未来研究展望 / 213

13.2 语用能力测试研究的主要成果及未来研究展望 / 216

13.3 我国语用能力理论和测试研究应注意的问题 / 219

参考文献 / 221

附录：英语译名表 / 258

表格清单

表3.1 基于社会建构论与基于本质主义的语用能力观的差异 / 43

表4.1 请求诱发因素中拒绝语义程式的使用频率中表现出的语用迁移及其与二语水平的关系 / 86

表4.2 请求诱发因素中拒绝语义程式的排列顺序中表现出的语用迁移及其与二语水平的关系 / 90

表4.3 语义程式使用频率中语用迁移的不同类型 / 93

表4.4 语义程式排列顺序中语用迁移的不同类型 / 93

表4.5 正相关关系与负相关关系在不同的诱发因素中的数量对比 / 94

表5.1 语言水平对语用能力的影响 / 100

表5.2 我国英语学习者语用、语法能力发展水平 / 102

表5.3 不同性格类型之间语用能力、语用意识程度对比 / 104

表5.4 性格类型归类后与语用能力之间的关系 / 104

表5.5 性格类型与语用能力相关性分析 / 105

表5.6 认知风格类型与语用能力水平的相关性 / 106

表6.1 德古(1996)演绎—归纳教学形式 / 122

表6.2 归纳/演绎—显性/隐性维度(DeKeyser, 2003: 315) / 123

表8.1 语用能力测试工具信度研究(许岚,2020) / 147

表9.1 调查问卷条目与其对应的语用知识/能力关系表 / 158

表9.2 调查对象基本信息表 / 159

表9.3 语用能力量表不同级别条目的难易度 / 160

表9.4 性别对语用能力量表难易度判定的影响 / 162

表9.5 职称对语用能力量表难易度判定的影响 / 163

表9.6 研究方向对语用能力量表难易度判定的影响 / 163

表9.7 教学年限对语用能力量表难易度判定的影响 / 164

表9.8 导师类型对语用能力量表难易度判定的影响 / 165

表9.9 学校性质对语用能力量表难易度判定的影响 / 166

表9.10 学校类型对语用能力量表难易度判定的影响 / 166

表10.1 2017—2019年CET-4听力理解测试中语用能力考察观测点分布表 / 175

表10.2 听力理解测试内容和结果 / 180

表10.3 听力理解测试三个维度配对样本检验表 / 181

表11.1 基于《量表》的口语语用测试评分表 / 192

表11.2 口语语用测试的内部效度数据表 / 195

表11.3 口语语用测试的关联效度数据表 / 196

表11.4 口语语用测试的结构效度数据表 / 196

插图清单

图 2.1 巴克曼(1990)对语用能力的分类 / 18

图 2.2 郑智英(2002)对语用能力的分类 / 19

图 2.3 陈新仁(2008,2009)对语用能力的分类 / 20

图 2.4 《中国英语能力等级量表》语用能力描述框架 / 21

图 10.1 2017—2019 年 CET-4 听力理解测试考点数量分布趋势图 / 178

第1章 导 论

1.1 研究对象

本书聚焦语用能力(pragmatic competence)。或准确地说，本书聚焦二语语用能力(second language competence)，探究其理论内涵及其测试实践问题。

二语语用能力是语际语用学(interlanguage pragmatics)的核心概念与研究内容，自作为交际能力（communicative competence)的重要方面^{①}(如 Hymes, 1972; Canale & Swain, 1980; Canale, 1983; Bachman, 1990)提出后，学界就一直给予高度关注。如今相关研究领域已经发展成语用学的重要分支，有一定规模的研究队伍，2019年开始有了专门的学术期刊(*Applied Pragmatics*)，并已产出了大量的研究成果，语用能力已成为语用学领域的核心议题之一（李民、肖雁，2017；肖雁，2017；陈新仁等，2021)。据不完全统计，除学术论文、学位论文等外，国内外相关专著或文集就有数十本，比较有影响的著作包括卡斯珀(Kasper)和布卢姆－库尔卡(Blum-Kulka)的《语际语用学》(*Interlanguage Pragmatics*)(1993)，罗兹(Rose)和卡斯珀的《语言教学中的语用学》(*Pragmatics in Language Teaching*)(2001)、阿知波(Achiba)的《学会二语中的请求：儿童语际语用能力研究》(*Learning to*

---

① 有些学者，如坎德林(Candlin)(1976, p. 246)和施密特(Schmidt)、理查兹(Richards)(1980, p. 150)，对语用能力和交际能力几乎不做区分。

Request in a Second Language: *A Study of Child Interlanguage Pragmatics*)(2003)、索莱尔(Soler)和马丁内斯－弗洛(Martínez-Flor)的《外语学习、教学和测试中的语用学研究》(*Investigating Pragmatics in Foreign Language Learning, Teaching and Testing*)(2008)、肖尔(Schauer)的《出国留学语境下的语际语用能力发展》(*Interlanguage Pragmatic Development*: *The Study Abroad Context*)(2009)、田口直子(Naoko Taguchi)的《语用能力》(*Pragmatic Competence*)(2009a)和《语境、个体差异与语用能力》(*Context, Individual Differences and Pragmatic Competence*)(2012)、石原纪子(Noriko Ishihara)和科恩(Cohen)的《语用学的教和学：语言和文化的交界》(*Teaching and Learning Pragmatics*: *Where Language and Culture Meet*)(2010)、罗斯(Ross)和卡斯珀的《二语语用能力评估》(*Assess Second Language Pragmatics*)(2013)、田口直子和罗弗(Roever)的《二语语用学》(*Second Language Pragmatics*)(2017)、孙晓曦的《第二语言语用能力的发展》(2009)、姜占好的《过渡语语用学视角下的语用能力研究》(2013)、李民和肖雁的《二语语用能力研究》(2017)、朱燕的《二语学习者文化语用能力研究》(2018)、应洁琼的《来华留学生汉语语用能力发展研究》(2019)，等等。

二语语用能力这一话题之所以吸引如此多学者长期、密切的关注，原因是多方面的，譬如：

首先，二语语用能力概念的提出具有一定的革命性。学者们(如 Ishihara & Cohen, 2010; Rose & Kasper, 2001; 陈新仁等，2013)倡导的面向二语语用能力发展的语用教学代表了二语教学的一个重要变化甚至是转向。此前拘泥于二语语言知识的传授并不能保证学习者可以自然、自如地使用所学二语知识进行跨文化交际。所谓"哑巴英语""聋子英语"等往往都是因为二语教学脱离使用而产生的恶果。

其次，二语语用能力的发展具有特别的重要性。对于跨文化交际而言，能否使用二语进行得体交际比能否使用标准的二语语法、语音语调更为重要。诚如托马斯（Thomas）（1983）指出的那样，"如果一个非本族语者英语讲得很流利，但显得不礼貌或不友好，本族语者通常不会认为是其外语有缺陷，而是会认为对方粗鲁、不友好"（pp. 96-97）。相反，在言语交际中，非本族语者在表达思想时出现语法错误，至多被认为是外语不够熟练，但违反交际规则（如礼貌原则）则会被认为是人品问题。

再次，二语语用能力的内涵及其发展具有复杂性。不同学者对二语语用能力持有不同的认识，因而基于不同视角提出了多种不同的构念或框架（详见第2，3章）。这就意味着，关于该概念的理解与运用仍具有很大的开放性，因而仍有很大的研究空间。另一方面，二语语用能力的发展受到诸如二语语言水平、性格类型、认知风格、母语、教学方式等因素的影响（详见第4，5章），也受国外经历的影响（如 Schauer，2009；Hassall，2012；Ren，2015）。除此之外，还有哪些重要的因素会影响二语语用能力的发展，值得进一步探究。

此外，二语语用能力具有可教性。一些研究（如 Hoffman-Hicks，1992；Bardovi-Harlig，1999；Christiansen，2003；Matsumura，2003；Takahashi，2005a）表明，二语语用能力并不一定会与二语语言能力同步发展，往往需要专门的指导与训练。国内外越来越多的观察性和干预性研究（如 Takahashi，2001；Yoshimi，2001；Koike & Pearson，2005；Kasper & Rose，2002；Rose & Kasper，2001；张绍杰，2013）显示，如果教师采取合适的教学方法，二语学习者完全可以在外语课堂教学环境下习得语用能力。因此，二语语用能力是可教的（详见第6章）。

最后，二语语用能力具有可测性。自语用能力这一概念被提出后，国内外学者就尝试对其进行测试或测量（如 Soler & Martínez-Flor，2008；Taguchi，2009b；Bachman & Palmer，2010；Cohn，2004；Ross & Kasper，2013；何自然、阎庄，1986；国外相关综述可参见黄玮莹、李忻洳，2016）。特别值得提及的是，2018年由中华人民共和国教育部和国家语言文字工作委员会联合发布的《中国英语能力等级量表》(以下简称《量表》)创造性地提出了语用能力量表,标志着中国英语教学从制度上将语用能力的教学与测试纳入整个英语教学框架中,对我国英语教学、测试、教材编纂等具有重要影响。

鉴于二语语用能力发展的重要性,可以预测,在未来若干年甚至更长时间内,语用能力研究将是外语教学、二语习得、语用学、跨文化交际、语言测试、心理语言学、社会语言学、翻译研究等相关领域中的重要议题。

1.2 研究目标

如前所述,国内外已有多部关于二语语用能力的专著和文集,那么为何还需要推出本书呢?除语用能力本身的重要性之外,还因为本书与以往著作相比有不同的研究目标,其学术与应用价值自然也不相同。概括起来,本书主要有两个方面的独特目标。

一是全面梳理、呈现、评价国内外关于(二语)语用能力的界定、分析框架等,综合考察现有关于二语语用能力研究的各种理论视角,系统探究二语语用能力发展的相关因素。因此,相对于前面提及的各种专著或文集,本书更像是一个"集大成者",同时又像是一个"评述者",不仅可以深化对二语语用能力的认识,而且可以为二语语用教学、习得、测试等提供指南,因而是从事相关领域理论与实践研究的便捷的、可靠的"帮手"。

二是将二语语用能力的理论探讨与测试研究直接关联起来,在梳理评述现有各种语用测试的内容、方法、效度等核心问题的基础上,以《中国英语能力等级量表》中语用能力量表不同维度的测量指标为切入点,探讨二语语用能力测试的设计及其效度问题。通过理论部分的铺垫,本书可为进一步开发、拓展、改进二语语用能力测试的范围、内容、方法等提供指导。

1.3 本书结构

本书由导论、主体部分和结论组成，共13章。其中，主体部分包含上篇（第2—6章）和下篇（第7—12章）两部分，前者聚焦语用能力理论研究，后者聚焦语用能力测试研究。下面简要介绍各章的内容。

第1章为全书之导论，旨在呈现本书的研究对象、研究目标，介绍本书的内容结构。

第2章在综述现有文献基础上进一步厘清语用能力的定义与构念，区分理论层面上语用能力的界定与测试实践层面上（主要指《中国英语能力等级量表》）语用能力的界定；区分理论层面上语用能力的分析框架与测试实践层面上语用能力的描述框架，并从不同维度呈现不同语用能力分析框架的异同，从而为语用能力构念的进一步探讨以及语用能力测试框架的选择提供参考。

第3章呈现不同理论视角下的语用能力研究，主要包括国际通用语视角、社会建构论视角和认知语用视角。从这些视角出发，我们可以发现语用能力并非总是单一地参照本族语者的语用规范；并非总是取决于交际者单方面的表现，而是涉及与交际对象在目标、意义、身份、礼貌等方面的磋商；语用能力的发展并非完全依赖静态、机械的语用知识，而是涉及各种认知机制的动态参与，学习者需要学会依据现实语境用语言再现或重构相关经验。

第4章聚焦语用实践中经常发生的语用迁移与语用失误现象，诠释语用迁移的定义，讨论不同类型语用迁移的特征与性质，探究语用失误的内涵与表现，呈现不同类型的语用失误，讨论引发语用失误的各种因素，析解语用迁移与二语水平之间的关系，为二语语用能力发展提供参考。

第5章系统探讨语用能力发展的各种相关因素，主要包括语言水平、语法能力、性格类型、认知风格等，揭示这些因素与语用能力发展之间的关系，从而为面向不同类型的学习者开展合适的语用教学与测试提供参考。

第6章考察语用能力的教学问题。基于相关文献，本章进一步论证、确认语用能力的可教性，并在此基础上，结合前人研究成果，提出行之有效的语用教学方法，从而为一线教师提供必要的、有益的参考与指导。

第7章聚焦语用能力测试的界定与内容，追溯语用测试的发展脉络，回顾国内外现有语用能力测试的内容（包括词汇语用、语法语用、言语行为、语境参数等），指出目前语用测试存在的不足，并点明未来语用测试的方向。

第8章是第7章的进一步延伸，主要关注语用能力测试的方法与效度问题。本章在回顾国内外语用测试方法的基础上，分析不同测试方法的利弊优劣，并从测试工具的信度与效度、构念效度、自评效度三个维度探析语用能力测试的效度问题。

第9章通过问卷调查的方式，考察我国高校英语教师对语用能力量表不同等级描述语难易度的判定情况，以此探析《中国英语能力等级量表》中语用能力量表的效度问题。

第10章依据《中国英语能力等级量表》中与五级语用能力相关的描述，探讨如何在英语口语测试中加入语用能力测试，从而更好地检测学习者的语用能力。

第11章以2017—2019年大学英语四级听力测试真题为语料，依据《中国英语能力等级量表》，考证大学英语四级听力理解测试中涉及的语用能力情况。

第12章针对外语语用能力测试并无大规模实践可资参考、《中国英语能力等级量表》分级测试缺乏成熟先导探究的现状，聚焦题型设计、有效性、区分度、与外语能力其他维度测试之间的关联等一系列理论与实践问题，开展讨论并提出初步的建议。

作为全书的结论，第13章扼要总结本书的研究成果，讨论相关成果的理论与实践启示，指出未来可能关注的一些研究方向。

上篇
语用能力理论研究

上篇由5章组成，属于对语用能力的理论研究。本书聚焦语用能力的理论与测试问题，研究的出发点即解决何谓语用能力这一问题。因此，第2章首先呈现语用能力的不同界定，析解语用能力的不同分析框架，呈现语用能力不同分析框架的联系与区别，为我们全面理解语用能力奠定基础。之后，第3章结合最新研究进展，从社会建构论、认知语用学、国际通用语等视角，对语用能力做出新的界定，进一步拓展我们对语用能力这一概念的认识。本书讨论的语用能力，主要是指二语语用能力。二语语用能力的发展受母语、二语水平、认知风格、教学方式等因素的影响。因此，本书第4—6章聚焦语用能力发展的影响因素，呈现语用能力发展的多样性和复杂性，进一步深化我们对语用能力的认识，为外语教学、测试等提供理论参考。

第2章 语用能力的定义与构念

本书聚焦语用能力的理论与测试研究。那么，何谓语用能力？语用能力有哪些分析维度？本章以此为出发点，首先回顾不同学者对语用能力的界定，之后聚焦《中国英语能力等级量表》中语用能力的概念内涵，再呈现不同的语用能力分析框架和《中国英语能力等级量表》中语用能力的描述框架，最后通过对比的方式，呈现不同语用能力不同分析维度之间的异同。

2.1 语用能力的界定

语用能力与交际能力概念的提出和发展有着密切的联系，不论是海姆斯（Hymes）（1972）、卡纳尔（Canale）和斯温（Swain）（1980）还是卡纳尔（1983）关于交际能力的分析框架中，实际上都包含了语用能力的成分，但上述学者均未将语用能力作为交际能力的有机组成部分单独提出来。从现有文献看，第一次对语用能力做出明确界定及分类的是托马斯（1983）（Hill，1997；何自然、陈新仁，2004）。

托马斯（1983）认为，语用能力是指有效使用语言实现特定交际目的和理解语境中语言的能力（the ability to use language in order to achieve a specific purpose and to understand language in context）（Thomas，1983，p. 92）。由此可见，托马斯讨论的语用能力涵盖使用和理解两个层面，既涉及说话人，也涉及听话人；语用能力与特定的交际意图有关，与语境中的话语的实际使用有关。托马斯（1983）构建的语用能力，既考虑语言结构的言外之意

(如例2－1)，也考虑社会因素对话语的制约(如例2－2)。

(2－1) A：Have you brought your coat?

B：*Yes，I have brought my coat*.

(Thomas，1983，p. 102)

(2－2) [A 是在英国的留学生。乘坐出租车时，她对司机说：]

A：*Would you possibly take me to the airport?*

在(2－1)中，说话人 B 使用了完整的句子回答 A 的问题。虽然 B 的话语从语法上看没有错误，却没有注意到该语境下话语的言外之意：一般情况下，回答时若使用完整的句子，往往表示说话人对他人提出问题的不耐烦甚至不悦(此即该话语的言外之意)。外语学习者若使用此类话语的话，是其语用能力不高的表现。此处体现的语用能力主要与话语的言外之意有关。在(2－2)中，留学生 A 没有注意到当前语境下交际双方的身份与权势，使用了过于礼貌的话语，也是语用能力不高的表现。此处的语用能力，主要与话语发生的社会因素有关。

巴克曼(Bachman)(1990)认为，语用能力就是"交际者在话语过程中根据语境情况实施和理解具有社交得体性的施为行为所运用的各类知识"(何自然、陈新仁，2002，p. 167)的总和。巴克曼(1990)进一步指出，语用能力既包括产出和理解话语言外之意(illocutionary force)的能力，也包括对社交规范的敏感意识和控制能力。所以，从本质上看，巴克曼(1990)与托马斯(1983)类似，均认为语用能力包含两部分内容，一部分与话语的含意有关，另一部分与社会语境有关。

很长一段时间内，学界对语用能力的研究主要采用以上两种界定：语际语用学领域大多基于托马斯(1983)的界定开展语用能力研究，语言测试领域则大多采用巴克曼(1990)的界定。

第2章 语用能力的定义与构念

但随着语用学的发展，特别是20世纪90年代关联理论的兴起以及学界对会话、文体等研究的关注（如Ifantidou，2011），托马斯（1983）、巴克曼（1990）等对语用能力的传统界定与语用学的发展日益脱节。在此背景下，陈新仁（2008，2009）基于语用学的新发展，将语用能力界定为在具体语境中运用话语进行得体交际从而实现交际目的（包括行事、人际目标）的能力。他认为，语用能力既包括与语言结构紧密相关的语用语言能力和与社会因素紧密相关的社交语用能力，还包括与话语认知有关的认知语用能力和与语篇（含口语语篇和笔语语篇）有关的语篇组织能力，语用能力从传统的二分法走向四分法（具体可参见本章第2.3.4节）。

综上，语用能力是语用学研究中的核心概念，与二语习得、外语教学等领域关系密切，更是交际能力培养的重要组成部分。因此，对语用能力进行明确界定，不仅仅是一个理论问题，而且对实践亦具有重大价值。本节回顾的托马斯（1983）、巴克曼（1990）、陈新仁（2008，2009）等对语用能力的界定，既包括了经典的语用能力界定，也包含了语用能力界定的新发展，对语用能力研究和教学实践具有指导作用。在使用语用能力这一概念过程中，一定要注意概念不能泛化，不能将一切语言使用问题都归为语用问题，不能将所有与语言实际使用有关的能力都归为语用能力。从核心指标看，语用能力与（语言、认知、社会等）语境紧密相关，与含意或说话者意图紧密相关，与话语的适切性紧密相关。抓住这些核心指标，有利于我们将语用能力与交际能力等相近概念区分开，更能体现出学科的研究特色，也更具科学性和系统性。

2.2 《中国英语能力等级量表》中语用能力的界定

2.2.1 《中国英语能力等级量表》的理论框架

结合测试实际情况,《中国英语能力等级量表》将语言能力界定为语言使用者(学习者)"运用各种知识和策略,参与某一话题语言活动时所体现出的语言理解能力和语言表达能力"(韩宝成、张允,2015, p. 432)。该界定基于巴克曼、帕尔默(Palmer)(1996, 2010)关于语言运用(language use)的定义,即"个体对意在传递的话语意义的理解或表达,或两个及以上个体间在既定情境中对意在传递的意义的动态、交互式协商"(Bachman & Palmer, 2010, p. 34)。从这一概念出发,语言能力可分为语言理解能力和语言表达能力。由于语言运用体现在各种口头语言活动和书面语言活动中,因此,语言理解能力包括书面理解能力和口头理解能力,语言表达能力包括书面表达能力和口头表达能力。语言能力界定中的知识包括语言知识和非语言知识,是语言运用,即语言理解和语言表达的基础;策略指运用语言的方式、方法和技巧。

《中国英语能力等级量表》理论模型的特点是"语言运用取向",把语言能力视为运用语言理解和表达意义的能力,也体现了语言的交际特点。该模型把听、说、读、写、译视为语言运用的不同表现形式,这有别于《欧洲语言共同框架》(*Common European Framework of Reference for Languages*, 简称《欧框》)和《加拿大语言能力标准》(*Canadian Language Benchmarks*) 对语言能力的界定。

2.2.2 语用能力的嬗变

《中国英语能力等级量表》理论模型关于语言能力的界定采用

第2章 语用能力的定义与构念

"应用语言学"视角，有别于理论语言学家，尤其是形式语言学家所谈论的语言能力。例如，乔姆斯基（Chomsky）关注的语言能力（linguistic competence），也称语法能力（grammatical competence），是指拟想的说话人兼听话人所具有的关于语言的潜在知识。20世纪70年代，在谈及学习者如何运用语言实现特定交际目的时，乔姆斯基曾提出与"语法能力"相对的"语用能力"（pragmatic competence），认为与语法能力相比，语用能力的内涵"完全不明确"（Chomsky，1977，p. 3）。后来，他（Chomsky，1980，pp. 224－225）将语用能力界定为"在各种情境中根据不同目的得体运用某一语言的知识"，包括运用语言实现特定交际目标所需的规则和原则。虽然这不是他的研究重点，但他认为"有必要区分语法能力和语用能力"（Kecskes，2014，p. 62）。

与乔姆斯基的做法类似，利奇（Leech）（1983）也把语言分为语法（抽象的形式语言系统）和语用（语言运用的原则）两套系统，并提出语用语言学和社交语用学这两个概念。他认为，语用语言学具有语言确指性（language-specific），社交语用学具有文化确指性（culture-specific）。后来的学者从这组概念出发，提出语用能力分为语用语言能力（pragmalinguistic competence）和社交语用能力（sociopragmatic competence），认为前者是理解和表达言语交际意图的必要手段，后者是制约说话人语言选择和听话人语言理解的社会规约（Roever，2011）。罗弗（2011，2013）和西辛格（Sickinger）、施耐德（Schneider）（2015）认为，利奇提出的语用能力框架具有一定的指导性，但他并未对语用能力本身给出一个周严的界定。

由于语用能力和语言交际密不可分，应用语言学界试图对语用能力做出明确界定。蒂姆普（Timpe）等（2015）把各种交际语言能力框架或模型中的语用知识分为三类：功能一话语取向型（functional，discourse-oriented）、成分型（component）和成分一意义取向型（componential，meaning-oriented）。功能一话语取向型（Halliday，1973；van Dijk，1977；Bialystok，1993）把语言视为一个多维社会符号系统，从功能和话语视角考察和描述语用能力，认为语用是意义的构成成分，语境使连贯语篇中的语用意义更加凸显，体现了语言运用的意义驱动观。成分型（Hymes, $1972^{①}$; Canale & Swain, 1980; Canale, 1983a; Savignon, 1983; van Ek, 1986; Bachman, 1990; Celce-Murcia, Dörnyei & Thurrell, 1995; Bachman & Palmer, 1996, 2010）把语用能力视为语言能力中若干互相关联的语用知识，并且突出了语言运用中的语境和语用使用者这两个决定性因素。成分——意义取向型（Purpura, 2004）对巴克曼、帕尔默提出的语用知识要素进行了重构，并在语用能力中纳入社交距离、相对权势、强加程度（degree of imposition）、与特定言语社团有关的礼貌原则等谈话者因素（interlocutor variables）。它其实是前两类的混合体，既关注功能一话语导向模型中语法与语用的联系，又接受了成分观，是一种突出意义和理解（interpretation）的多维成分观。基于上述分析，蒂姆普等（2015）提出界定语用能力的三条基本原则——意义、互动和语境，认为语用能力是语言使用者在语言运用中对意义动态建构的能力。这是一种"宽式"语用能力观。

还有研究者（Bialystok, 1993; Kasper & Blum-Kulka, 1993; Cohen, 2010; Taguchi, 2012; Blum-Kulka, 1993）强调特定语境中语言意义的理解和表达。刘绍忠（1997）认为语境是理解、准确表达说话人意思和意图的基础。比亚雷斯托克（Bialystok）（1993）从说话人使用语言实现交际目的、听话人通过语言理解说话人真实意图和掌握话语生成语篇规则三方面界定语用能力，强调对非字面（语言）形式的理解与表达，关注说话人意图。科恩（2010）也强调对非字面意义的理解与表达。田口直子（2012）直接

---

① 海姆斯（1972）的交际能力模型强调语境中的语言运用，尤其是语言能力和社会语言能力间的关系，即语言形式和在各种语境中得体运用语言形式的能力区分，为二语教学与测评领域中不同交际语言能力模型的提出奠定了基础。但是，海姆斯的关注点仍是人们头脑中的语言能力，而非人与人之间的互相交往（Kasper & Ross, 2013; 许国璋，1985）。

把语用能力概括为准确理解和得体表达的能力,还包括语用知识和语用加工。

2.2.3 《中国英语能力等级量表》中的语用能力

以上分析表明,无论是理论语言学家还是应用语言学研究者,都意识到了语用能力的重要性及其特点,但对这一概念的界定并不完全一致,这反映了他们研究视角的差异。

依据上述对语用能力的考察,结合《中国英语能力等级量表》的理论框架,量表采用"窄式"界定,把语用能力视为语言使用者(学习者)结合具体语境,运用各种知识和策略,理解和表达特定意图的能力。其中,意图是指能够以行为的形式实现的心理表征(Sperber & Wilson, 1986),是超出或不同于语言使用者(学习者)话语字面意义所传达的那一部分内容,即语言使用者(学习者)在具体语境中意在传达的那一部分。交际成功的关键在于识别语言使用者(学习者)特定言语行为中的意图。人们使用语言进行交际均关涉说话人对意图的传达和听话人对意图的识解(Sperber & Wilson, 1986)。换言之,交际既包括说话人和作者对意图的表达,又包括听话人和读者对说话人和作者意图的理解。某一特定意图既指语言使用者(学习者)在具体情境中所要表达的说话意图或写作意图,又指语言使用者(学习者)在具体情境中所要理解的说话人意图和作者意图。在正常社会交往中,说话人或作者意图的表达要符合交际所在的社会文化语境,意图表达的效果取决于表达是否得体。当然,无论理解还是表达特定意图,都离不开相关知识和策略。其中,知识既包括语言知识,也包括非语言知识。

《中国英语能力等级量表》中的语用能力强调对语言使用者意图的理解与表达,以及表达的效果,并明确了知识与能力之间的关系。这种"窄式"语用能力界定有别于上文提到的"宽式"界定,也有别于《欧框》和《加拿大语言能力标准》对语用能力的界定。采用"窄式"方式界定语用能力并研制相应量表的原因是:(1)准确理解语言使用者意图和表达自己的意图是交际成功与否的关键,这方面能力欠缺，容易引起误解或导致交际失败；(2)"窄式"界定涵盖语用能力的核心构念，从量表研制角度来讲易于操作，也避免与《中国英语能力等级量表》中的语言理解能力和表达能力重合，尽管它们在某些方面仍存在一定的交叉。

2.3 语用能力的分析框架

作为交际能力的重要组成部分，语用能力已引起学界的广泛关注。但语用能力是一个宏观概念，涉及的因素很多。如何对这些因素进行梳理，并在语用能力框架下进行适当归类，明确语用能力的分析框架，是学界关注的一大核心议题。从文献看，尝试提出语用能力分析框架的学者主要有托马斯(1983)、巴克曼(1990)、郑智英(Ji-Young Jung)(2002)、陈新仁(2008，2009)等。

2.3.1 托马斯(1983)的语用能力分析框架

目前学界大多依照托马斯(1983)的分类，从语用语言能力(pragmalinguistic competence)和社交语用能力(sociopragmatic competence)两个维度对语用能力展开分析。实际上，托马斯在其1983年的论文中并未明确提出这一对概念，而是基于利奇(1983)对语用学的分类，提出了与之类似、紧密相关的两个概念：语用语言失误（pragmalinguistic failure）和社交语用失误（sociopragmatic failure）。

所谓语用语言失误，是指当说话者话语的言外之意(pragmatic force)与目的语中母语说话者不同时所犯的失误，或者当母语的言语行为策略不恰当地迁移至二语时所犯的失误(Thomas, 1983, p. 99)。比如，Can you do ... 是英语中一种常规性礼貌表达，其言外之意是请求行为，而非疑问。但该语言结构在法语、俄语等语言中仅表示疑问，并不表达请求。因此，当来自法语、俄语等语言的二语学习者学习英语时，如果仍将英语中的

Can you do … 视为疑问而非请求，则没有掌握该话语的言外之意，犯了语用语言失误。再比如 of course。在有的语言中（比如俄语、汉语），of course 是一个积极的肯定性表达，说明说话者对问题持肯定性回答，但若将其直接迁移至英语中（如 2－3），则意指提问者问了一个不言自明的问题，且说话人觉得问题（即 A 话语）听起来有一定的强迫性（premptory），甚至有一定的冒犯性（insulting）。

（2－3）A：Are you coming to my party?

B：***Of course***.

（Thomas，1983，p. 102）

所谓社交语用失误，是指与社会因素有关的失误，主要是由不同文化对适切语言行为的不同理解引起的。社交语用失误大多与没有注意到话语的强加程度（size of imposition）、禁忌语（tabus）、相对权势（relative power）、社交距离（social distance）等因素有关。比如，在俄罗斯向不太熟悉的人要一支香烟（daitesigaretu），话语的强加程度很小。但是，如果将其表述为 give me a cigarette 并向英国人要香烟的话，则说话者就错误估计了话语的强加程度，没有意识到其面子威胁性和不礼貌性，出现社交语用失误。

之后学界大多沿着托马斯（1983）的分类，将语用能力分为语用语言能力和社交语用能力。其中，前者指理解和运用附着于特定话语之上的施为用意的能力，后者指关注交际对象的身份、地位，考虑面子、礼貌等因素产出符合社交规则的话语的能力（李民、肖雁，2012）。

2.3.2 巴克曼（1990）的语用能力分析框架

除托马斯（1983）外，巴克曼（1990）从测试学的角度也对语用能力进行了界定与分类（见图 2.1）。他指出，语言能力可以分为组织能力(organizational competence)和语用能力两部分:前者由语法能力(grammatical competence)和篇章能力(textual competence)组成;后者可进一步分为施为能力(illocutionary competence)和社交语言能力(sociolinguistic competence)。就语用能力而言,施为能力指"交际者在话语表达过程中结合特定语境传递和理解施为用意的能力"(何自然、陈新仁,2004,p. 167),社交语言能力指"交际者对具体语言使用语境特征所决定的语用规范的敏感程度或控制能力"(同上)。结合起来考虑,语用能力就是"交际者在话语过程中根据语境情况实施和理解具有社交得体性的施为行为所运用的各类知识"(同上)的总和。

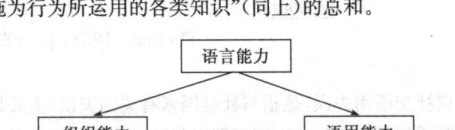

图 2.1 巴克曼(1990)对语用能力的分类

通过比较我们发现,巴克曼(1990)讨论的施为能力和社交语言能力基本对应于托马斯(1983)提出的语用语言能力和社交语用能力(Hill,1997)。

2.3.3 郑智英(2002)的语用能力分析框架

郑智英(2002)在总结语际语用学相关研究的基础上,提出语用能力应包括实施言语行为的能力、传达和解读非字面意义的能力、实施礼貌功能的能力等(详见图 2.2)。

具体来说:(1) 实施言语行为的能力(the ability to perform speech acts)指在特定言语事件中使用适切言语行为和选择合适的语言形式实施这种行为的能力;(2) 传达和解读非字面意义的能力(the ability to convey and interpret non-literal meanings)

第2章 语用能力的定义与构念

图 2.2 郑智英(2002)对语用能力的分类

指透过句子意义获取说话人含意的能力；(3) 实施礼貌功能的能力(the ability to perform politeness functions)指考虑面子需求等因素产出符合礼貌准则话语的能力；(4) 实施会话功能的能力①(the ability to perform discourse functions)与会话分析有关，包括参与和结束会话的能力、使用相邻语对的能力、停顿的能力、使用话语标记语和反馈语的能力等；(5) 运用文化知识的能力(the ability to use cultural knowledge)指运用特定的社会文化知识指导话语行为的能力。

正如郑智英(2002)自己坦承的那样，这五个分析维度之间存在很多重合，比如"实施礼貌功能的能力"与"运用文化知识的能力"之间的界限就不是很清晰。况且，能否将"运用文化知识的能力"作为语用能力的一个分析维度也有待商权。综合来看，郑智英的分类更像是对现有语用能力研究的归纳、总结，体系性不是很强，不同分析维度间的逻辑也不是很清晰。

---

① 根据郑智英(2002)的论述，不难发现他讨论的实际上是开展会话的能力，所以本文将其译为"实施会话功能的能力"而非"实施语篇功能的能力"，以免产生歧义。

2.3.4 陈新仁(2008,2009)的语用能力分析框架

基于以往研究,陈新仁(2008,2009)将语用能力界定为在具体语境中运用话语进行得体交际从而实现交际目的(包括行事、人际目标)的能力,并提出从语用语言能力、社交语用能力、语用认知能力(pragmacognitive competence)和语篇组织能力(discoursal competence)四个维度对语用能力进行分析(见图2.3)(陈新仁,2009,pp. 204-205)。

图 2.3 陈新仁(2008,2009)对语用能力的分类

在陈新仁(2008,2009)的分析框架中:(1) 语用语言能力指说话人为实施或理解某一言语行为所掌握的全部语言资源(如词汇、语法知识等)的能力;(2) 社交语用能力指"基于社会一文化因素的考虑运用话语进行交际"(陈新仁,2008,p. 21)的能力,主要包括对面子需求的考虑、对礼貌的表达、对态度或情感的传达与识别、对语体正式程度的把握等方面;(3) 语用认知能力指在话语表达和理解中提供或捕捉最佳关联的能力,主要包括会话含意的推理、预设的把握、话语标记语的掌握、在常规情况下使用简洁的外语表达方式以便减轻话语的处理负担等(陈新仁,2008,p. 22);(4) 语篇组织能力指"构筑语义连贯、格式规范的独白语篇和参与自然会话组织"(陈新仁,2008,p. 23)的能力。语篇组织能力可进一步分为篇章组织能力(textual competence)和会话组织能力(conversational competence):前者主要包括运用外语链接手段提示连贯的能力、宏观语篇结构搭建的能力;后者主要包括话轮操控(如起始、转换、维持、交接、结束)的能力、会话调整(如修正、重

述、增量语的使用等）的能力、话题的掌控（如话题的选择、维持、转换等）能力等。

2.4 《中国英语能力等级量表》中语用能力的描述框架

基于《中国英语能力等级量表》的语言能力观及其对语用能力的界定，结合测试实际，《中国英语能力等级量表》语用能力的描述框架见图2.4。

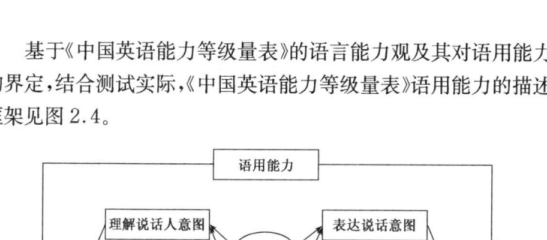

图2.4 《中国英语能力等级量表》语用能力描述框架

图2.4显示，语用能力分为语用理解能力和语用表达能力。其中，语用理解能力包括理解说话人意图和理解作者意图两部分，语用表达能力包括表达说话意图和表达写作意图两部分。组构知识和语用知识是语用理解能力和语用表达能力的基础。语用知识包括功能知识和社会语言知识。表达是否得体影响语用效果。因此，《中国英语能力等级量表》是从理解和产出两个维度、从策略和知识两个方面分析语用能力的。

2.4.1 语用理解能力和语用表达能力

奥斯汀(Austin)(1962/1975)认为,说话即做事。人们说话的同时完成三种不同的行为:一种是以言指事行为(locutionary act),指说出来的实际话语,即"言之发";一种是以言行事行为(illocutionary act),指话语的语力或说话人的意图,即"发一言"^{①}。以言行事行为与以言指事行为同时完成:"完成一个以言指事行为,一般也是,且本身就是,完成一个以言行事行为"(Austin,1962/1975,p.98)。两者的关系好比"在选票上打叉跟选举之间的关系"(Searle,1969,p.24)。还有一种是以言成事行为(perlocutionary act),指话语对听话人所产生的影响。

托马斯(1995)在考察说话人意义(speaker meaning)和话语理解(utterance interpretation)之后,区分了意义的三个层面:抽象意义、语境意义或话语意义和语力(force)。其中,抽象意义是词、短语、句子等可能具有的意义,语境意义或话语意义是上述语言单位与语境的结合体,语力指说话人的交际意图。

依据上述观点,语用理解和语用表达涉及以言行事行为和语力^②,是指语言使用者通过话语解读传达交际意图^③。语用理解能力是听话人或读者在具体情境中运用各种知识和策略,通过话语来理解说话人或作者所传达的特定意图的能力。语用表达能力是

---

① "言之发""发一言"为许国璋先生1979年所译。

② 需要说明的是,"言语行为"最初指某一话语和"该话语产生的整个情景(the total situation in which the utterance is issued-the total speech-act)"(Austin, 1962/1975, p. 52)。然而,如今"言语行为"已偏离奥斯汀的本意,该说法已等同于"以言行事行为""以言行事语力(illocutionary force)""语用语力(pragmatic force)",或直接等同于"语力(force)"(托马斯,1995,p. 51)。

③ 文中所指的意图也可理解为语言使用者通过格赖斯(Grice)(1975)区分的规约含义(conventional implicature)和会话含意(conversational implicature)所传达的意图。本文赞同斯珀泊(Sperber)、威尔逊(Wilson)(1986)的观点:格赖斯最大的创见在于其认为"人际交际涉及对意图的认识"这一特性本身足以使交际成功——只要有办法识别出说话人的意图,交际就有可能完成。

说话人或作者在具体情境中运用各种知识和策略，通过话语向听话人或读者传达特定意图的能力。需要强调的是，语用理解能力和语用表达能力关注的不是语言使用者（学习者）对话语意义的理解与表达，而是其对话语意图的理解与表达。话语意图恰恰是交际成功与否的核心基础。基于此，《中国英语能力等级量表》从语用理解能力和语用表达能力两个维度描述语用能力。其中，语用理解能力包括说话人意图和作者意图两个子维度，语用表达能力包括说话意图和写作意图两个子维度（见图2.4）。

2.4.2 语用知识

知识是通过经验构建而成的、储存在长时记忆中的一套信息结构。量表中所说的知识既包括语言知识，又包括非语言知识。语言知识是"（储存在）记忆中的信息域，供语言使用者在语言运用中表达和理解话语意义"（Bachman & Palmer，2010，p. 44）。

根据巴克曼、帕尔默（1996，2010），语言知识由组构知识和语用知识构成。语用知识包括功能知识和社会语言知识。其中，功能知识用来解释话语、句子和文本与语言使用者意图之间的关系，包括概念功能、操控功能、探究功能和想象功能。社会语言知识用来表达或理解符合某一特定语言运用场景的语言，包括决定语体、方言或变体、语域、自然表达或惯用表达、文化参照及修辞等体现语用效果的社会规约知识。

2.4.3 得体性

语言使用者（学习者）的语言能力表现为准确性（accuracy/correctness）和得体性（appropriateness）两个方面：前者描述语法能力，后者更多描述语用能力（Tsutagawa，2013；Kecskes，2014）。得体性是海姆斯（1972）交际语言能力中的一部分，其内涵与乔姆斯基（1965）有关语言运用"可接受性"（acceptability）的表述颇为相似。在海姆斯的交际语言能力框架中，得体性是指语言运用是否与特定语境相符、符合程度如何。它涉及"什么时候该说话,什么时候不该说;说的时候说什么,对谁说,什么时候、什么场合、以什么方式说"^{①}(Hymes, 1972, p. 277)。得体性后来专指有关语言运用规则的知识,体现了语言形式与语境之间的关系;得体与否取决于对语言形式和语境的分析(Hymes, 1984)。卢斯蒂格、凯斯特(Lustig & Koester, 2006, p. 66)认为,得体性反映了"交际活动(是否)符合特定交际情境的期待和需求"。

在上述界定的基础上,《中国英语能力等级量表》语用能力量表将得体性界定为语言使用者(学习者)语用表达的各个方面是否与特定情境的期待和需求相符合,以及符合程度如何。得体性不仅取决于语言使用者(学习者)所运用的社会语言知识是否符合特定情境的期待和需求及其符合程度,还取决于语言使用者(学习者)依据情境期待和需求在语用知识运用时所做的必要调整,即语言运用策略,包括补偿策略,交际效果增强策略(Canale & Swain, 1980; Canale, 1983a, 1983b),目标设定、评估/评价、规划等认知策略和元认知策略(Bachman, 1990; Bachman & Palmer, 1996, 2010)等在内的各种方式、方法和技巧。

2.5 陈新仁(2008, 2009)语用能力分析框架的优势及尚待解决的问题

研究认为,在吸收相关语用学研究成果(如 Thomas, 1983; Bachman, 1990; Jung, 2002 等)的基础上,陈新仁(2008, 2009)提出的语用能力分析框架更为全面、更具操作性(李民、肖雁, 2012)。下面分别从语用语言能力、社交语用能力、语用认知能力和语篇组织能力四个维度分析该框架的优势,之后述明该框架尚待解决的问题。

---

① 许国璋先生 1985 年译。

2.5.1 语用语言能力维度

陈新仁(2008,2009)将语用语言能力界定为语言使用者实施和理解某一行为所掌握的全部语言资源的能力,如语言使用者对(2-4)中表达恭维句式的掌握情况就体现了其语用语言能力(Manes & Wolfson, 1981; Rose & Kwai-fun, 2001)。

(2-4) (a) NP {is, looks} (really) ADJ (PP).

(b) I (really) {like, love} NP.

(c) PRO is (really) (a) (ADJ) NP.

(d) You V (a) (really) ADJ NP.

(e) You V (NP) (really) ADV (PP).

(f) You have (a) (really) ADJ NP.

(g) What (a) (ADJ) NP!

(h) ADJ (NP)!

(i) Isn't NP ADJ!

(Manes & Wolfson, 1981)

需要指出的是,语言使用者对这些语言资源的掌握情况,也包括对附着在特定话语之上的施为用意的把握能力,因为这些规约性表达也是为实施某一言语行为所可能采取的诸多语言资源中的一种。例如在(2-5)中,中国学生的回答就违背了"never mind"一词的规约使用语境："never mind"多使用在对方因做错事而向自己道歉的语境下;而当对方表达谢意时,规约的回答方式是"You are welcome""Don't mention it"等。也就是说,(2-5)中中国学生因为没有弄懂"never mind"一词的施为用意,从而产生了语用语言失误,是语用语言能力不高的表现。

(2-5) 外教:Thanks a lot. That's a great help.

中国学生：***Never mind*.**

（何自然，1997，p. 206）

以往研究（如 Thomas，1983；Bachman，1990 等）中的语用语言能力，强调的是语言使用者掌握话语施为用意的能力，陈新仁（2008，2009）强调的则是实施某一言语行为所掌握的全部语言资源的能力。通过对比，我们发现陈新仁界定的语用语言能力，既包括前人的研究成果，又有所发展：语言使用者只有掌握了某一话语的施为用意之后，才有可能在实施相关言语行为时将该话语作为一种语言资源加以使用。陈新仁（2008，2009）对语用语言能力界定的最大创新之处在于将研究重点从理解施为用意的能力转移到语言使用者为实施某一言语行为所掌握的全部语言资源上，这样既包括了原来语用语言能力的研究范畴，又跳出了施为用意的藩篱（因为施为用意容易使研究者联系到与认知相关的理解层面，而非话语表述层面），强调了语言使用者为实施某一言语行为所掌握的语言形式类型。这样一来，语用语言能力与相关概念的区分更加清晰，也更容易设计测量工具对语用语言能力进行统计分析，操作性比较强。

2.5.2 社交语用能力维度

以往关于社交语用能力的研究，多从交际双方的相对权势入手，认为如果说话人"不注意谈话对象的身份或社会地位，对地位较低或关系密切的人使用了过于礼貌的表达方式；或者，对地位较高或关系疏远的人使用了较为亲昵的表达方式"（何自然、陈新仁，2004，p. 170），就往往会引起社交语用失误，即社交语用能力偏低的表现，如（2－6）中 Peter 的话语。本例中，Peter 作为顾客，其社交权势在此语境下高于服务员，没有必要使用过于礼貌的话语（*would be so kind* ...）。因此，Peter 的话语在此语境中不具备社交得体性。

第2章 语用能力的定义与构念

（2－6）［Peter goes to the snack bar to get something to eat before class.］

Waiter: May I help you?

Peter: ***Would you be so kind as to give me a sandwich and a yogurt, please?***

（李民、陈新仁，2007b，p. 36－37）

陈新仁（2008，2009）的语用能力分析框架不仅继承了社交语用能力应包括产出符合交际双方身份话语的能力这一观点，而且将社交语用能力的范围扩展至交际态度或情感的传达、语体的敏感性等方面。以语体的敏感性为例，假设学生A与教授B之前从未见过面。在一次学术会议上，学生A终于见到了教授B。在此语境下，前者在打招呼时使用"Professor B, it's my great honor to meet you."这一较正式的话语就完全适切；而如果学生使用了非正式的"Hi, fella"，则不具备社交得体性。此外，在日常会话交际中过度使用完整的句子也是说话人对语体不敏感的表现，体现了其使用者社交语用能力较低。如在（2－7）中，B就是使用了完整的句子对问句进行回答，从而容易使听话人感到说话人是在"使性子"或者"耍脾气"（Kasper, 1981），犯了社交语用方面的失误。

（2－7）A: Have you finished reading that book?

B: ***Yes. I have finished reading that book.***

（何自然、陈新仁，2004，p. 175）

另外需要指出的是，陈新仁（2008，2009）描述的社交语用能力还包括说话人凸显自己对命题的态度的能力，如（2－8）b话语中"ever"的使用。

（2－8）［说话人非常讨厌 Lisabeth。当被问及后者的年龄时，说话人做出如下回答］

(a) I can't remember her age.
(b) I can't remember her age. (0.3) *Ever*.

在此语境中，说话人无论是选用(a)还是(b)话语都能传达自己的意图。但与(a)相比，(b)因为使用了情感增强词"ever"(Quaglio & Biber, 2006)，因此还传达了使用者对 Lisabeth 的厌恶之情。在陈新仁(2008,2009)的分析框架中，说话人凸显自己对命题态度的能力属于社交语用能力的组成部分，从而进一步拓展了社交语用能力的研究范围。以往研究（如 Caffi & Janney, 1994）已将说话人产出和理解情感话语的能力纳入语用学研究范畴，但很难将之归入托马斯(1983)、巴克曼(1990)等学者提出的语用能力分析框架中，陈新仁(2008,2009)关于社交语用能力的相关论述则很好地解决了这一问题。

2.5.3 语用认知能力维度

陈新仁将语用认知能力界定为说话人或听话人"在外语话语表达和理解中提供或捕捉最佳关联"(陈新仁, 2008, p. 22)的能力，主要包括会话含意的推导、预设的把握、话语标记语的掌握、在常规情况下使用简洁的表达方式以减轻话语的处理负担等。如(2-9)中，(a)没有使用任何话语标记语，因此读者很难推测作者的交际意图；而(b)和(c)，由于使用了标识命题内容之间关系的话语标记语"besides"和"because"，有利于读者获取其会话含意，体现了作者较高的语用认知能力。

(2-9) (a) The rent is reasonable. The location is perfect.

(b) The rent is reasonable. ***Besides***, the location is perfect.

(c) The rent is reasonable, ***because*** the location is perfect. (陈新仁, 2002, p. 351)

从掌握的文献看，陈新仁（2008，2009）第一次明确将语用认知能力纳入语用能力的分析框架，具有一定的创新性。以关联理论为代表的认知语用学的兴起，为分析语言使用者的语用能力提供了新的视角。虽然之前关于语用能力的分析模型中均未包含此种语用能力，但大量研究实际上已经将使用和捕捉具备最佳关联话语的能力认定为语用能力的有机组成部分（如Jucker，1993；Trillo，2002；陈新仁，2002；李民、陈新仁，2007a等）。因此可以说，陈新仁将语用认知能力作为一个独立的分析维度纳入语用能力研究框架，是汲取了认知语用学最新研究成果的结果。

另需指出的是，从语际语用学出现伊始，一些学者（如Bouton，1988，1994等）便注重对学习者掌握言语行为的情况进行调查，其中便包括学习者能否推导出某一话语会话含意。在语用学领域影响较大的托马斯（1983）的理论模型中仅包括语用语言能力和社交语用能力两种，很难将使用或理解会话含意的能力归入具体的语用能力分析维度，而是统称为语用能力，这既不利于展开具体讨论，也不利于将该种语用能力与其他语用能力分析维度进行对比研究。因会话含意的推导涉及语境因素的选择与提取，与认知处理有关，因此陈新仁（2008，2009）将该种语用能力界定为语用认知能力，填补了托马斯（1983）、巴克曼（1990）等理论模型的缺陷。

2.5.4 语篇组织能力维度

陈新仁将语篇组织能力界定为"构筑语义连贯、格式规范的独白语篇和参与自然会话组织"（陈新仁，2008，p. 23）的能力，主要包括运用外语链接手段提示连贯的能力、宏观语篇结构搭建的能力、话轮操控（如起始、转换、维持、交接、结束）的能力、会话调整（如修正、重述、增量语的使用等）的能力、话题掌控（如话题的选择、维持、转换等）的能力等。比如，当说话人意图继续掌控话轮时，为防止听话人打断而不提供转换关联位置（transition-relevance place），就体现了其较高的会话组织能力。在例（2-

10)中,说话人在第3行至"idea"处已产出了一个完整的话轮结构单位(turn-constructional unit),潜在转换关联位置出现。但是,说话人为了继续保持话语权,在"idea"和"because"之间并没有停顿,而是在"because"后使用了一个停顿,因为"because"预示着转换关联位置并未出现,因此说话人 Harold 通过不提供转换关联位置的方式成功掌控了话轮,体现了其较高的会话组织能力。

(2-10) 1 Harold:I have no idea.
2 It was probably my ...
3 sister-in-law's idea because,
4 ... I think they saw ... that movie.

(Du Bois*et al*., 2000)

研究认为,陈新仁(2008,2009)将语篇组织能力纳入语用能力的分析框架,既继承了郑智英(2002)关于会话功能的划分,又对此做了进一步发展:语篇组织能力不仅包括会话组织能力,还包括篇章组织能力。这样一来,语篇组织能力既包括了笔语的分析维度,也适用于对口语的分析,应用范围更广(李民、肖雁,2012)。

陈新仁(2008,2009)明确将会话组织能力纳入整个语用能力分析框架之中,填补了以往分析框架的不足。大部分语用学教材(如 Levinson, 1983; Mey, 1993; 何自然, 1988 等)和研究(如 Hatch, 1992; House, 1993; Liddicoat & Crozet, 2001 等)都将会话分析视为语用学的主要研究内容之一,但以前的关于语用能力的分析框架均未明确会话组织能力在语用能力中的具体位置。陈新仁的分析框架在区分会话组织能力和篇章组织能力的基础上,指出两者均为语篇组织能力的有机组成部分,且语篇组织能力是语用能力的四大分析维度之一,为以后语际语用学中与会话或语篇分析相关的研究提供了分析视角与依据。

当然,尽管语用能力有不同的分析维度,但各维度之间并不是孤立的,毫无关联的(陈新仁,2008)。以话语标记语 well 为例,当

well位于实施面子威胁行为的话语之前时，其使用主要体现了说话人的社交语用能力；但当well做延缓标记语（冉永平，2003；李民、陈新仁，2007a）时，则主要体现了其使用者的会话组织能力。但是，从理论建构的视角出发将语用能力分为不同的研究维度，却有利于我们对语用现象做更加深入的分析。

2.5.5 尚待解决的问题

尽管陈新仁（2008，2009）提出的语用能力分析框架具有较大优势，但该框架提出时间较短：第一次是2008年12月在华东师范大学主办的"'语用能力与发展'高层论坛"上；第二次是在2009年其出版的专著中。限于发言时间和书稿篇幅，作者均没有详细论述该语用能力分析框架及其内部各分析维度之间的关系。本书结合相关文献，认为陈新仁（2008，2009）提出的语用能力分析框架尚有以下问题有待解决：

（1）该分析框架是否有尚未涉及的分析维度

相对于托马斯（1983）、巴克曼（1990）等提出的语用能力分析维度，陈新仁（2008，2009）关于语用能力的论述已比较全面，分析维度也比较具体，但是否已包括了所有的语用能力分析层面仍有待进一步研究。例如，部分语际语用学研究（如Ifantidou，2011）将语用意识（pragmatic awareness）、元语用意识（metapragmatic awareness）等纳入语用能力的分析范畴，陈新仁（2008，2009）的分析框架对此则没有提及。因此，该分析框架可能有尚未包纳的语用能力层面。

（2）该分析框架是否有较好的结构效度

从理论上看，陈新仁（2008，2009）提出的语用语言能力、社交语用能力、语用认知能力和语篇组织能力四个维度泾渭分明、概念清晰，但是否经得住测试学的检验仍有待进一步研究。例如，卡纳尔和斯温（1980）从语言能力、社交语言能力、语篇能力和策略能力四个维度对交际能力进行了划分，但后来的研究并未证实他们的理论建构，认为他们提出的交际能力并不具备较高的结构效度，尤其是社交语言能力和语篇能力之间存在诸多重合（Harley, *et al*., 1990; Schachter, 1990; Hill, 1997)。因此，陈新仁（2008, 2009）提出的语用能力分析框架，如要大范围推广，尚需证明其具有较高的结构效度。

2.6 结语

本章从何谓语用能力入手，首先呈现了不同学者对语用能力的界定，并着重从语用学本体研究和测试研究两个维度考察、分析语用能力的具体构成维度，为理解、研究、测评和发展二语学习者的语用能力提供理论基础。综合来看，语用学领域内对语用能力的研究注重从知识类型的角度探究语用能力的具体构成，语用能力的构成更多是对语用知识类型的划分。而《中国英语能力等级量表》语用能力量表倾向于从理解和产出两个维度探究语用能力的具体构成，更多是以测试的技能取向为基础对语用能力进行划分：语用理解能力侧重的是听和读的接受性技能，语用产出能力侧重的是说和写的产出性技能，语用能力测试的着眼点不仅包括语用知识，还包括语用策略。从对比的角度看，语用学领域内对语用能力的探讨更具穷尽性，体系性更强。而测试领域内对语用能力的探讨更具可操作性，更有利于测试测评工作的开展。未来研究可进一步探讨如何将这两个视角有效融和，充分发挥理论对测试实践的指导作用和测试实践对理论研究的反拨作用。此外，尽管语用能力是语用学研究的核心议题之一，但目前学界对其概念内涵仍未达成共识，实证研究多，理论思考少。因此，未来研究者能基于相关文献，具化语用能力的概念内涵，析清语用能力与相关语言能力（如交际能力、文体能力等）的联系与区别，细化语用能力的分析维度，必将对语用能力产生深远影响，对外语教学、教材编纂、课程设置等也有较大的启示意义。

第3章 不同理论视角下的语用能力研究

语用能力研究起始于语际语用学领域,属语用学与二语习得间的界面研究,其理论主要来源于语用学,研究方法、工具等则主要源于二语习得。随着研究的发展,学界开始尝试从不同的视角探讨语用能力问题,其中主要有社会建构论视角、认知语用视角、国际通用语视角等。本章依次分析这三个视角下语用能力的内涵,呈现语用能力研究的多维特征,为语用能力研究注入新的活力。

3.1 社会建构论视角

语用能力指具体交际情境下合适、得体使用语言的能力,发展语用能力已经成为二语教学的一个公认的新目标,托马斯(1983)、巴多威-哈雷格(Bardovi-Harlig)、哈特福德(Hartford)(1996)、罗恩·斯科隆(Ron Scollon)、苏珊娜·斯科隆(Suzanne Schollon)(2000)等都强调跨文化交际中目标语语用能力的重要性。有关语用能力的相关研究是语用学领域中的核心话题之一。文献检索表明,国内外现有研究主要致力于语用能力概念的理论界定(如Rintell, 1979; Fraser, 1983; Thomas, 1983; Leech, 1983; 何自然, 1997)、语用能力构念的模块搭建(如 Bialystok, 1993; Jung, 2002; 陈新仁, 2009)、(二语)语用能力的教学与发展(Olshtain & Cohen, 1991; Kasper, 1997; Tateyama, *et al*, 1997; Rose & Ng, 2001; Rose & Kasper, 2001; Kasper & Rose,

2002; Taguchi, 2011; 何自然, 1997; 杨满珍, 2009; 刘建达、黄玮莹, 2012; 陈新仁等, 2013) 及其测试 (如 Hudson, *et al.*, 1992, 1995; Yamashita, 1996; Brown, 2001; Golato, 2003; Walters, 2007; Soler & Martínez-Flor, 2008; 刘建达, 2006, 2007, 2008; 段玲琍, 2012), 等等。

语用能力理论往往都是在语用学一般理论的指导下进行的。从实质上看，现有相关研究工作是以语用学理论中一些带有本质主义色彩的交际观点为指导的，对相关理论探索中越来越带有建构主义色彩的新观点、新方法缺乏足够的关注，因而存在一些明显的不足。随着语用学领域中建构主义研究范式的逐渐呈现，基于相应范式建构全新理念的语用能力理论对现有观念和模式加以必要的补充、革新、完善势在必行。为此，本节引入社会建构论这一全新的视角，对语用能力的内涵、特征等做出新的阐释，彰显新旧理论范式赋予语用能力的不同解读。

3.1.1 现有关于语用能力的界定及其问题

在过去三十余年中，(二语)语言教学得益于语用学的影响，发生了由几乎完全关注语言能力到更加关注语用能力乃至交际能力发展的"转向"。自托马斯（1983）提出语用能力及语用失误的概念以来，语用学界和二语习得学界都对语用能力进行了探索，就如何发展(二语)语用能力开展了大量的研究。概括而言，相关研究工作呈现出下列特点：

(1) 一些学者从交际的表达和理解两端或其中某一端界定语用能力

早在1979年，林特尔(Rintell)就提出"语用学是关于言语行为的研究"，并进而基于言语行为理论提出语用能力的定义，认为二语学习者的语用能力应该反映在如何产生话语以传达"具体的意图"以及如何解读话语传达的意图（p.98）。与林特尔的做法类似，托马斯(1983)把语用能力定义为"有效地使用语言以实现某种

第3章 不同理论视角下的语用能力研究

目的的能力和理解在具体情景中的语言的能力"（p.92），但该定义中的"实施某种目的"的观点比实施某个言语行为的外延要宽①。根据比亚雷斯托克，语用能力包括与特定语境中语言表达和理解密切相关的一些能力：（1）运用语言执行诸如请求、指示等行为的能力；（2）理解说话人真实意图的能力，特别是当这些意图不是直接表达出来的时候；（3）按照话语组构规则构筑语篇的能力（如话轮转换、合作、衔接）（1993，p.43）。国内学者采取类似定义方法的有何自然、陈新仁（2004），他们认为，语用能力是交际能力的重要组成部分，指"交际者在话语过程中，根据语境情况实施和理解具有社交得体性的施为行为所运用的各类知识"（2004，p.167）。

还有一些学者只考虑表达一端，如利奇（1983）界定的语用能力包括语用语言能力和社交语用能力，前者包括在一定的语境中正确使用语言形式以实施某一交际功能的能力，后者是指遵循语言使用的社会规则进行得体交际的能力。与利奇颇为类似的是，科恩（1996）将语用能力（他称之为sociocultural knowledge，社会文化知识）看作"说话人确定在给定情境中是否可以实施特定言语行为的能力，以及如果合适的话，选择一个或更多适合实施该言语行为的程式的能力"（p.254）。

与利奇（1983）和科恩（1996）不同，弗雷泽（Fraser）（1983）则从理解一端界定语用能力，即听话人确定说话人所言的意思以及识别说话人试图传递的施为用意的能力（p.30）。

（2）很多学者聚焦话语表达所需的语用语言知识和社交语用知识，认为语用能力是基于上述知识或以该知识为前提的，发展语用能力需要习得相关知识

英语测试专家巴克曼（1990，p.87ff）提出的被广泛引用的

---

① 同样宽泛的定义还来自卡斯珀、罗弗，他们将语用能力定义为"怎样使用目标语做事，怎样在不同的语境、活动和社会关系中使用目标语进行交际活动"的能力（2005，p.317）。

语言能力模式中的语用能力包括施为能力（illocutionary competence）和社会语言能力（sociolinguistic competence）。前者涉及"交际行为及如何实施的知识"（knowledge of communicative action and how to carry it out），后者涉及"根据语境得体使用语言的能力"（the ability to use language appropriately according to context）。

何自然（1997）根据利奇对语用语言学和社交语用学的划分，将语用能力区分为语用语言能力（pragmalinguistic competence）和社交语言能力（sociopragmatic competence）。前者涉及运用可利用的语言资源实施语言行为的知识，后者涉及包括调节语言行为实施方式的礼貌等在内的社会规约方面的知识。

（3）后来关于语用能力的定义逐步增加了礼貌表达、话语组织等新内容，其中对于礼貌的界定基本是以利奇（1983）的礼貌原则和布朗（Brown）、莱文森（Levinson）（1978，1987）的面子理论为依据的

郑智英（2002）的语用能力框架包括实施言语行为的能力、表达与理解非字面意义的能力、实施礼貌功能的能力、实施语篇功能的能力与使用文化知识的能力。陈新仁（2009）同样认为语用能力是多维的，包括四个方面：语言语用能力、社交语用能力、认知语用能力与语篇组织能力。两者关于语用能力的定义都涉及礼貌的表达能力。关于上述语用能力分析框架的详细内容，可参考本书第2.3节，此处不再展开讨论。

上述关于语用能力的研究尽管呈现了语用能力的基本内涵，深化了我们对语用能力的认识，但仍存在诸多问题：

首先，上述定义基本上都仅涉及说话人的表达（如利奇）或听话人的理解（如弗雷泽），尽管林特尔（1979）和托马斯（1983）在定义中都同时提及交际中表达和理解的两个方面，但本质上仍是强调说话人对话语意义的单方面表达，或听话人对话语意义的单方面理解，忽视了交际中的意义（包括施为用意、会话含意）、礼貌

甚至交际目标等不是由说话人或听话人单方面确定的，而是由交际双方互动、协商、建构产生的内容。

其次，上述定义基本上都是知识型的，即将语用能力描述成某种知识，概括而言，即涉及语用语言知识和社交语用知识，或描述为以上述知识为前提的能力。其背后的假设是：① 这些知识是固定不变的；② 特定形式与特定功能之间的匹配是确定的；③ 特定语言形式与特定语境的关系是固定的；④ 交际者一旦拥有了上述知识，就能开展得体交际。这些认为语言形式有固定意义、功能、语境等的观念忽视了语言形式在交际中的意义是动态的、可以协商的甚至是可以发生变异的，忽视了语言形式与语境关系的匹配是可以发生临时变化的，是会受到交际因素影响的（Drew，2011）。这些看法对于教学的消极影响是，过于强调事先在课堂中获得的语用语言知识和社交语用知识，而非让学习者在交际中习得这些知识。

再次，上述涉及礼貌表达能力的定义（如 Jung，2002）参照的是利奇（1983）和布朗、莱文森（1987）的礼貌观，而这些理论近年来遭到学界的众多批评，其中最新的一个批评是，相关礼貌观带有本质主义，简单地在语言形式与礼貌或面子之间画等号，忽视了礼貌的动态性、复杂性和建构性（如 Eelen，2001；Mills，2003；Arundale，2006，2010；Watts，2003，2008；Locher，2004；Haugh，2007，2010）。不仅如此，这些理论过于强调礼貌的文化间差异性，忽视了礼貌的个体间差异性。例如，豪斯（House）、卡斯珀（1981）发现，德国人在请求和抱怨时的表达方式也比美国人直接，但这一研究发现并不能说明每个德国人个体都比美国人个体更直接。

最后，上述关于语用能力的界定基本上都是基于孤立的、单话轮的甚至未必是基于真实的对话语料加以阐述的（当今语用学研究中较多使用真实语料且具有一定的规模，见季小民、何荷，2014，p. 31），无法展现言语行为实施可能涉及多话轮的情况、礼貌表达在特定情境下未必礼貌、说话人意义可能在话语序列中经历调整乃至修正的潜在性，等等。

语用能力理论往往是在语用学一般理论的指导下建构而成的，上述关于语用能力的界定其实是以语用学理论中的一些带有本质主义色彩的交际观点（如对语境的认识，话语意义的确定，对礼貌、面子等的界定，对语用语言形式的意义一功能认定）为指导的。这些传统的语用学理论（如语境观、言语行为理论、会话含意理论、面子理论、礼貌原则等）往往认为言语交际具有下述特点：

① 交际者（特别是交际发起者）带着特定的交际目标进入交际并旨在推进该目标的实现。

② 说话人根据当前给定的交际需要，选择特定的语用语言形式以实现既定的交际目标。

③ 所选择的语用语言形式具有相对固定的意义与功能，与特定的语境具有内在的联系。

④ 说话人发出该话语乃是基于事先存在的、客观的、外在的、当前共享的、给定的语境（物理、社会、心理、上下文），语言选择反映语境的影响，彼此的身份（如社会关系）是事先确定的、稳定的。

⑤ 听话人在说话人设想的语境中对具有确定意义与功能的语言形式进行加工，获得与说话人设想一致的意义或信息，当然也可能不成功。

上述将言语交际（目标、意义、语境等）看作固定的、静态的、不变的、单一的、单方的、给定的观点带有明显的本质主义色彩。我们认为，语用能力的理论建构需要吸收相关理论探索中越来越带有社会建构论色彩的新观点、新方法（如Eelen，2001；Arundale，2006，2010；Watts，2003，2008；Locher，2004；Haugh，2007，2010；Mills，2003）。随着语用学领域中社会建构论研究范式的逐渐呈现，基于相应范式建构全新理念的语用能力理论，对现有观念和模式加以必要的补充、革新、完善，势在必行。

3.1.2 社会建构论视角下的言语交际

(1) 社会建构论

20世纪80年代末，以格根（Gergen）（1985，1995，2001a，2001b）为代表的学者提出的社会建构论（social constructionism）是建构主义若干流派中的一种，与社会建构主义有相似也有不同之处①。从与本研究的相关性角度出发，社会建构论的基本观点（另见裴新宁，2001；叶浩生，2007）可以概括为以下几个方面：

① 在认识论上，社会建构论认为，不存在所谓的"真理"或"事实"，真理和事实总是相对的；知识不是现实的"映像""表征"或"表象"，而是建构的产物；反对本质主义观点，即不承认万事万物都有一个普遍的本质能让人们从复杂多变的现象和过程中找到稳定的特性和共同的特点。

② 社会建构论认为，知识不是个体的建构，而是个人与别人通过协商实现的社会建构，是人际互动的产物、协商的结果，是在学习者与他人共同参与的建构活动中获取的。换言之，知识是共同体中各成员通过对话（dialogue）或交流这一微观社会关系获得的，同样，语言的意义是通过社会性（communal）相互依赖获得的，"意义是通过两个或多个人的协同努力而获得的"，即"我所说的事只有得到你的认可之后才有意义"。

③ 知识或意义建构的过程是积极主动的过程，而不是消极的反映过程。每个人的经验世界都是由其个人的头脑创建的，因而决定知识形成的并非外部世界，而是主体的加工过程，对于客观世界的理解和赋予意义是由每个人自己决定的，每个人以自己的经验为基础来解释甚至建构事实，主体自身的倾向性在知识的形成

---

① 社会建构论与社会建构主义（特别是维果茨基学派）不完全等同。尽管两者都认为共同体是个体意义存在的前提或载体，都强调合作或对话，但社会建构论不从个体内部心理过程来解释社会关系范型，如协商、合作、冲突、修辞、礼仪、角色、社会场景等，而维果茨基尽管也关心社会过程，但更重视心理过程。

中起着至关重要的作用。

④ 社会建构论认为，语言是知识的文化积累、传输和表征的基本形式，知识是通过语言建构的，作为知识积累、传输和表征形式的语言有各种形式，而每一个人都以自己的方式解释着这些形式。因而，社会建构论在方法论上主张采用话语分析、释义学等多元的方法。该理论认为语言的意义基于情境，语言离开了其特定的外部环境则毫无意义。语言具有社会性功能，语言使用并不是用其作为一种反映世界或表达自我的手段，而是作为我们"在一场游戏中的行动"（维特根斯坦语）。

（2）言语交际的社会建构性及其研究

近年来，一些语用学家和会话分析学者的研究显示，言语交际（有时）具有以下特点：

① 交际是联动的社会行为（joint social action），是交际者如何与对方（甚至第三方）一起用言语做事（how to do things with words in collaboration with others）。

② 语言形式的意义不是一成不变的，话语意义是交际双方共同建构的（meaning in interaction）。意义表达不是一蹴而就的（not one-shot），理解不是简单的还原，而是构建过程。因而实际情况可能是：可能全部理解，可能局部理解，可能部分误解，可能全部误解。

③ 语境不是一成不变的，也未必是一开始就明确的，而是在互动中形成的（context in interaction），说话不仅反映语境的影响，而且也是语境的一部分。

④ 交际目标不是一成不变的，可能会随交际的进行发生变化（goal in interaction）。

⑤ 彼此身份（如社会关系）是在互动中实现的（identity in interaction）。

上述关注言语交际动态性、可变性、不确定性、主体间性或交互性、临时性、可磋商性、能动性、过程性、建构性的做法其实已经带有社会建构论色彩。

语用学研究中带有社会建构论色彩的研究至少可以追溯到托马斯的《互动中的意义：语用学引论》(*Meaning in Interaction: An Introduction to Pragmatics*)(1995)。作者在书中强调，话语的意义是在动态发展的话语进程中通过交际双方的磋商产生的。

更加明确基于社会建构论开展研究的是带来礼貌研究转向的沃茨(Watts)的礼貌观(2003)。沃茨区分了politic behavior和polite behavior，指出这两种行为都是交际者建构的结果，在交际过程中总是可以磋商的(2003，p. 20)。沃茨认为，礼貌是在动态话语中浮现的、建构的，而不是特定的语言形式本质上就是礼貌的(2003，p. 207)。他认为，评价礼貌或不礼貌不能离开当前语境。同时，考虑到社会互动是"在线"磋商的，因此礼貌理论需要同时考虑交际双方(2003，p. 23)。

同样值得注意的是，2010年8月，《语用学杂志》(*Journal of Pragmatics*)以专刊形式展开了关于面子的讨论。阿伦戴尔(Arundale)在《会话中的面子构建：面子、面子工作与交际成果》(*Constituting face in conversation: Face, facework and interactional achievement*)一文中提出了面子建构理论(Face Constituting Theory)，将面子与面子工作解释为交际者在发生交际关系的场景中面对面地进行交流时的动态产物。阿伦戴尔提出的交际联合共建模式(Conjoint Co-constituting Model of Communication)认为，交际双方在会话中相互制约各自对话语的解读，面子是两个或两个以上交际者在会话中联合共建的交际关系(relationship two or more persons conjointly co-constitute)(Arundale，2010)。霍夫在《玩笑式调侃、(不)友好和面子》[*Jocular mockery, (dis)affiliation and face*]一文中运用阿伦戴尔的面子构建理论分析了澳大利亚人的玩笑式调侃(jocular mockery)，认为玩笑式调侃构建了一种友好的交际关系(Haugh，2010)。

此外，学界对于交际中的身份研究也逐步发生了一些深刻变化。一些后现代主义学者(包括传播学家、会话分析者等)反对将身份看作预先存在的、稳定不变的属性，认为身份是流动的、不完整的（fragmented），认为身份是"一种取得的结果，而不是某个固定的东西"（an accomplishment, not a thing）（Tracy, 2002, p. 17），人们会根据当前交际的需求改变自己的身份。特雷西（Tracy）对身份的界定则同时包含了两个方面：（1）人们在任何交际发生前就已拥有的稳定特征；（2）通过话语实现的、随着交际场合变化而变化的动态的、情景化的身份特征（2002, p. 17）。

3.1.3 基于社会建构论的语用能力观

（1）相关维度

从社会建构论视角考察言语交际，语用能力应该包括下列维度：

① 与交际对方进行交际目标磋商的能力

这一能力意味着，交际者需要认识到交际目标不一定都是事先确定的，不一定都能够实现，不一定不发生调整或变更，需要视情况部分或全部放弃原先的交际目标。交际中请求或邀请类预示语列的使用往往能反映这一能力：如果发现对方无法满足请求或接受邀请，除非对方追问，否则立即中止本要发出的请求或邀请是语用能力的一种反映。

② 与交际对方进行意义磋商的能力

这一能力意味着，交际者需要认识到交际中的意义不是由语言形式决定的，交际双方对相同的话语可能会产生不同的解读，语言的意义不是固定不变的。例如，间接话语往往具有解读的开放性，如何根据语境与交际对象达成该话语意义的理解反映一个人的语用能力。

这一能力也意味着，在出现误解的情况下，交际者能够与对方进行磋商，从而达到意义的成功沟通。如此看，说话人合理使用话语修正或重述，或者，听话人发起话语修正（使用求证类话语）等是语用能力的一种反映。

③ 与交际对方进行礼貌共建的能力

这一能力意味着，交际者需要认识到礼貌不是一个恒定、稳定、确定的概念，不同个体对礼貌的标准、方式等的认定未必一致，认识到语言形式与礼貌不存在绝对的、机械的联系。例如，特殊语境（如救人、有求于他人）下对语言形式礼貌的认定不能依照常规去理解。此外，在出现礼貌误解的情况下，交际者需要具有修复人际关系的能力。因此，道歉等行为的合理实施如同致谢、祝贺等，同样体现了语用能力。

④ 与交际对方共同构建身份关系的能力

这一能力意味着，交际者需要认识到身份不是静态的、单一的，而是会随语境变化的，交际中的身份是选择的结果，通过语言建构的。如果意识不到这一点，则容易发生语用失误。如陈某请同学吃饭一例：陈某作为请客的一方，在饭菜不足的情况下违背慷慨准则，用"我们已经吃饱了"拒绝服务员的添菜建议。

表3.1概括了上述体现社会建构观的四种能力，尽管不一定涵盖了语用能力的全部内容，但总体上反映了言语交际者作为社会成员参与社会交往所需要的一些主要素质。

表3.1 基于社会建构论与基于本质主义的语用能力观的差异

语用能力	基于社会建构论的语用能力观	基于本质主义的语用能力观
交际目标	视情况推进交际目标的实现	单方面寻求交际目标的实现
话语意义	通过积极、主动的磋商达成意义的共同理解	单方面传达或解读话语的说话人意义
语言礼貌	根据语境及当前身份关系达成特定语言形式的礼貌共识	根据语言形式判断礼貌与否及其程度
身份关系	在动态交际过程中积极主动选择、建构特定身份关系	根据事先任务选择、建构身份关系

值得强调的是，上述关于语用能力的阐述应该不只是涉及特定方面（如语用语言形式、语用规范等）的知识或能力，还包括元语用意识、对交际场合的敏感性、对交际双方关系的敏感性、打破常

规进行交际的能力(这一策略能力原先被忽视),等等。而且,上述语用能力不只是涉及表达和理解的能力,还包括宽容、共情等态度。

(2) 分析方法

探讨带有社会建构论色彩的语用能力,一个重要的方法论选择是话语分析法(discursive approach)。该方法得益于话语语用学(discursive pragmatics)(Kasper, 2006)的发展。从话语语用学角度看,语用能力是"参与者在话语过程中共同构建的一种浮现状态,而不再是个体学习者所掌握的单一、孤立的语用特征"(Taguchi, 2011, p. 304)。显然,话语语用学关于语用能力的这一观点与基于社会建构论提出的语用能力观是十分吻合的。

事实上,话语语用学在许多观点和方法上都与基于社会建构论的语用能力观是一致的。例如,话语语用学强调话语意义是通过回应获得的。"言语行为语用学解释的是某个话语是如何根据其意义而得到回应的;会话分析方式解释的则是话语意义是如何通过回应获得的"(Bilmes, 1986, p. 132)。话语语用学认为,意义是在言谈序列组织中参与者表现出来的相互理解。也就是说,第二个说话人通过其回应来显示他是如何理解第一位说话者话轮中的行为的;而第二个说话人的话轮又为第一位说话者提供了认可或修正对方理解的机会(Kasper, 2006, p. 296),这样的意义观显然带有社会建构论色彩。

又如,话语语用学认为,语境既不存在于客观社会结构外部,也不存在于参与者主观感知内部,而是互动一内部语境。因此,话语语用学不仅关注会话的序列结构,还考虑会话的时间结构(如延迟、重复、打断等)。每个序列中当前的行动都为某一后续行动提供了最直接的语境(Kasper, 2006)。显然,这样的语境观也带有社会建构论的色彩。

话语语用学关注自然发生的"互动中的言谈",强调分析交际者之间的互动,包括话语的相互回应以及对交际伙伴认知、心理等的感知,为我们研究交际者在具体交际事件中展示的语用能力情况提供了方法论指导。

① 聚焦完整交际实例，以整个交际事件而非单一行为为分析对象。

② 采用当今语用学研究中较多使用的定性分析法（孙莉，2014），考察交际目标、意义、身份关系、礼貌建构的整体性、前后一致性。

③ 关注交际者的元语用意识及其带来的影响。

可见，社会建构论视角下更强调从动态的、互动的、建构的视角界定和分析语用能力，是对传统本质主义语用能力观的反动，为我们理解语用能力的多维性提供了新的视角。除社会建构论外，认知语言学的兴起也为我们理解语用能力提供了新的视角。下节即聚焦于此，析解认知语用视角下的语用能力观。

3.2 认知语用视角

二语语用能力的发展既是二语习得和中介语语用学研究的主要内容之一，也是外语教学领域关注的焦点。随着认知语言学理论研究的深入和成熟，其研究成果不断地被应用到第二语言习得甚至语用学研究中。马默瑞斗（Marmaridou）在其专著《语用意义与认知》（*Pragmatic Meaning and Cognition*）一书中，融合语用研究的认知和社会视角，以认知语言学的认知体验为框架，将语用学重新定义为一门如何"使用语言把现实构建为有意义的经验"（Marmaridou，2000，p. 61）的学问。这一视角下的语用学理解对二语习得中语用层面的研究也会产生相应的影响。本节尝试在体验认知语用观的框架内，结合认知语境理论对语用能力的内涵进行新的阐释，为二语语用研究提供新的思考。

3.2.1 语用能力的传统理解及其不足

目前，学界已对语用能力的界定及其分类进行了广泛、深入的探讨，形成了三种代表性的观点。

第一种是知识观，认为语用能力是个人整体知识体系中的一部分，是在不同语境中必须遵循的社会、文化和话语规则的各类知识（Bachman，1990；Bachman & Palmer，1996；Rose，1997；何自然，陈新仁，2004）。巴伦（Barron）（2003，p. 10）将这些知识分为某一语言中用以实现特定言语行为的语言资源的知识、言语行为程序的知识和语言资源在恰当语境中使用的知识。

第二种是行为观，认为语用能力是交际者为了达到一定的目的和理解语境中的语言而有效运用语言的外在表现（Leech，1983；Thomas，1983；刘绍忠，1997），涉及语言语用能力和社交语用能力两个层面。前者是在一定的语境中正确使用语言形式以实施某一交际功能的能力，后者是指遵循语言使用的社会规则进行得体交际的能力。郑智英（2002，pp. 3-8）认为语用能力可以分为实施言语行为的能力、表达与理解非字面意义的能力、实施礼貌功能的能力、实施语篇功能的能力与使用文化知识的能力等五方面。

第三种是"知识和行为"的平衡观，认为语用能力是在一定的语境中，如何按照社会、文化和话语规则恰当地使用语言的知识，以及根据不同语境恰当使用语言的能力（Kasper，1997）。

前两种理解从不同角度描述了语用能力，但两者似乎都忽视了一方而强调另一方。最后一种理解看似将知识和行为都考虑在内，却未能体现出两者之间的关系，即语用知识如何转换为现实行为，如何将语境与知识发生关联。

具体来说，首先，无论是语用知识还是语用行为，都是一种静态的结果，未能体现出知识形成和行为产出的过程与方式。从能力发展的角度来看，目前对两者内容与含义的界定并不能充分表现出语用能力形成的动态性特征，也就是说，没有考虑语用能力形成的认知机制。卢加伟（2013a）虽已将语用能力具体化为语用知识、语用意识和语用表现三部分，并初步讨论了三者之间的动态关系，但并未对其具体内涵作进一步论证。

其次，大部分界定都将语境看作语用能力的一个外部制约条件，而未将其看成语用能力构成体系的一部分。并且，从对语境的理解来看，多数语用能力界定中的语境都是静态观下的语境，即将语境看成一个已经存在的环境，语用能力的表现要受到这种环境的制约。但在具体交际中，语境并非一成不变，它具有极强的动态性特征。交际主体也不会完全受制于语境或仅仅是识别语境，为了达到交际目的，他们会利用各种策略去影响甚至是重建语境。

最后，无论是语用行为的表现还是语用知识的形成，都与人们的个体心理、认知条件以及所处的社会文化环境密切相关（卢加伟，2014，p. 35）。研究者们已经从不同侧面考察了这些因素在语用能力形成与发展过程中的作用，取得了一定的成绩。但是，人们在使用语言进行交际时处理信息的快速与高效暗示着一定有一套运作机制将影响语用能力的各种因素系统地组织起来。"未来的研究需从心理学的不同角度，包括认知理论和社会文化理论，考虑学习者的二语语用习得"（Kasper & Rose, 2002, p. 311）。而上述体验认知语用观则很好地将语用研究的认知和社会视角进行了融合，对语用能力研究具有积极的借鉴意义。

3.2.2 体验认知语用观

体验认知观认为意义是以我们的身体为基础，在与物理、社会和文化环境的互动中经过推理和内化社会经验生成的，而语言则是描述社会经验的符号手段。人类通过使用语言和控制相应的符号形式同时控制了他们的经验结构，并对现实进行概念化而获得意义。可见，语言形式体现着人类理解经验的方式，或者说是对现实进行概念化的方式。在体验语言的过程中，人类同时也体验了与他们所使用的具体语言相联系的物理和社会经验（Marmaridou, 2000）。这一点可以由语言的社会机构性特征得以论证。比如，当听到或看到"我判你一年劳刑"这句话时，人们会激活下列经验场景：法官在法庭里对一个嫌疑犯进行宣判，并将极大地改变该犯的社会角色。人们都知道只有在法庭上说这样的话语才有意义，也只有法官才有权说这样的话语。但这句话同样可以出现在家庭场景里面，比如一个妻子对其丈夫说"我判你一年劳刑"，人们不但能够理解这句话是什么意思，而且还可以产生额外的话语效果。在这里，人们将语言本身看成一种社会机构，是在社会交往中创造的社会构念体（social construct），它拥有经验性和意向性的双重特征。它来源于社会经验，但并不直接指向任何一个客观实体。该构念体一旦产生，就成了我们的经验和社会身份的一部分，具有社会意义，反过来又能让人类重构现实和自我。

马默瑞斗（2000）进一步强调，经验的概念化是在语言的具体使用中内化形成的，并受社会文化的制约。她提出了语用意义的认知假设："假如语言植根于认知并在社会中得到发展，那么语言使用一定具有认知结构和社会现实概念化的双重特性，而语言使用则因此对社会意义的产生、维持或改变产生影响。"（Marmaridou，2000，p. 6）由此可见，人类通过使用语言把现实构建成了有意义的经验，语用意义诞生于语言使用的过程，而非仅仅存在于词汇和语法之中。

我们把上述观点称为体验认知语用观，并认为这一观点对语言习得尤其是二语语用能力的发展有着重要的指导意义。语用能力就是在语言使用过程中生成意义的能力，意义来源于对现实社会的体验，经过推理和内化形成经验的概念结构，而这些概念结构又是通过语言进行符号性表征的。概念结构决定语言结构，但语言的使用又能够创造与文化相关的思维结构，因此，"认知结构是语篇社会意义内化的方式与手段"（Marmaridou，2000，p. 5）。可见，语用能力的形成要经历一个"社会体验—概念结构—语义结构—语言形式"的过程。外语学习环境下二语语用能力的形成过程则是从体验语言形式开始，通过认知机制获得语义结构并进一步体验二语的交际和思维方式；通过使用第二语言，达到对二语所反映的社会现实的控制，从而实现有效交际，并进一步内化获得的社会经验，发展二语语用能力。

3.2.3 体验认知观下语用能力新解

语境对语用能力有着重要的作用，识别语境是语用能力的一个先决条件和组成部分，是有效地表达自己思想的基础。"语用能力的实质是识别语境并在语境下准确地理解别人和表达自己"（刘绍忠，1997，p. 26）。何自然、陈新仁（2004，p. 219）则首次将语境因素明确列为语用能力的一部分，认为语用能力包括语言表达能力、语言理解能力和语境驾驭能力，三者相互联系、互为依托。卢加伟（2014）简要论证了认知语境在语用能力体系中的作用，认为认知语境是人们体验后的社会现实经语言内化的结果，语用能力则是交际者依据现实语境用语言再现或重构相关经验的行为。本节将在此基础上结合体验认知语用观对语用能力的内涵作进一步阐释。

（1）认知语境与体验认知观

梅伊（Mey）（2001，p. 40）认为"语境是动态的，它不是静态的概念，从最广泛的意义上说，它是言语交际时不断变动着的环境。交际者在这样的环境里进行言语交际，并且从这样的环境中获得对交际言语的理解"。维索尔伦（Verschueren）（1999，p. 112）也认为语境是在语言使用过程中生成的，在听说者之间的动态交际过程中被创造的，并且随着交际过程的发展而变化。作为语境研究的延伸，认知语境充分而集中地体现了语境的动态性与认知性特征。斯珀泊、威尔逊（2001，p. 39）把语境看成一个心理结构体，认为"它是人们所明白的一系列能感知并推断的事实或假设构成的集合"。他们认为人对世界的认识是以概念表征的形式存在于大脑之中，这些概念表征的集合构成思维和理解的认知环境。人们通过经验把相关的具体语境内在化或认知化了，即语境由指称具体事物转变为人们头脑中的认知语境。这种语境虽然预先存在，但并不会主动参与到交际中去，只有在即时语境的触发下经过认知处理才能够激活，从而对当前交际产生影响。因此，相对于具体交际活动来说，认知语境并不是预设的，而是在理解过程中逐步获得或激活的知识。它是动态的，可以在交际过程中不断得到扩展和补充。

体验认知观认为，语言并不直接反映客观世界，语言意义要通过认知实现。人类进行思考和行动依赖概念系统。而概念是通过身体、大脑和对世界的体验而形成的。概念的理解依赖于身体的体验，特别是感知和肌肉运动。也就是说，概念形成的过程就是人类对客观现实体验的过程。认知语境正是人类经验的内化，是以概念结构或图式的形式存在于大脑之中的各类知识，是一种"认知性建构的经验认知域"（cognitively construed as domain of experience）（Marmaridou, 2000, p. 51）。传统语用能力理解中的"社会、文化和话语规则"以及"语言和交际行为知识"都是人们体验过的事体经过认知推理在头脑中内化的结果。人们的语言、社会经验经过语用者的体验形成系统化、结构化的语用知识，并以认知语境的形式存储在大脑中，构成了语用能力的一个重要组成部分。

（2）体验认知观下的语用能力内涵

结合认知语境和体验认知观，我们认为，语用能力是指在言语交际中交际者能够依据一定的认知方式将现实语境与储存在大脑中的认知语境相匹配，从而产出适切话语、生成相应语用意义的一系列活动。它体现为语用知识、语用表现与语用意识三种相互关联的形式。

在上述定义中，认知方式是语用能力各要素形成及关联的核心手段，主要包括体验、范畴化、概念化、意象图式、认知模式（包括框架、认知模式、理想认知模式、心智空间等）、隐喻、转喻等。认知语言学家认为，这些认知方式适用于分析语言的各个层面，可对语言做出统一的解释。这些认知手段在语用知识的形成、语用表现的产出以及语用意识的调动中发挥着关键性作用。结合认知方式来探讨语用能力的内涵，可以充分揭示语用能力的认知特性与动态性特征，体现语用能力的发展过程。

第3章 不同理论视角下的语用能力研究

语用知识（pragmatic knowledge）是人们体验过的社会现实内化后、以认知语境的方式存储在大脑中的语言及经验结构，它既包括语言知识，也包括非语言知识。语言知识不仅包括语音、词汇和句法知识以及重音、语调和伴随语言的举止等副语言知识，更重要的是指语言的各种功能。以言语行为为例。它具有双重属性，即话语属性和行为属性（Marmaridou，2000）。其话语属性指的是话语的音、形、意等特征，而行为属性强调的则是其语言功能，以言行事的功能。言语行为也具有原型效应，即言语行为有典型的，又称中心言语行为或直接言语行为；也有非典型的，又称边缘言语行为或间接言语行为。言语行为的原型效应不仅受到话语层面、超话语层面的语言因素的制约，还受到话题等社会文化层面的影响。比如在话语层面，当人们实施请求言语行为时，所使用的语言形式也会有所不同。"*Please pass me that book*." "*Would you (please) pass me that book?*" "*Could (Can) you pass me that book?*" "*Pass me that book, John*." "*That book, John*."以及"*I need that book*."等具有不同的直接/间接程度，因而产生了原型效应，同时也反映了交际双方的权势关系、亲密程度、社会地位等。这些不同的话语形式及其适用的场合经过人们的体验后以语用知识的形式存储下来，在遇到类似的场合时，人们会快速与大脑中相应的语言形式相匹配，从而产出相应话语。非语言知识是指对各种交际环境、社会文化价值观念和会话原则的认识。交际者头脑中要有关于交际时间、地点、事件和相关参与者的大致知识；要对谈话各方的相对权力、距离、强加程度和权利或义务的关系有所认识；要具有言语行为、话语和话题的损益关系知识；要懂得会话中诸如合作原则、礼貌原则和语篇原则等知识。

认知语言学认为，知识是以概念结构的形式存在的，其形成的过程就是人类对客观现实体验的过程，涉及认知推理和经验内化。推理是体验现实的唯一方法（Marmaridou，2000）。人们通过范畴化等基本认知手段对物理世界中的具体对象进行推理，并通过隐喻、意象图式等复杂认知方式进行抽象推理。内化则是认知结构和经验概念化的共活(coactivation)行为。在碰到一个话语时，交际者往往会迅速调用已经内化的认知语境进行瞬间推理，获得话语的第一解读，这就是话语推理的关联过程。因此，语境的内化过程对语用能力的发展至关重要，而内化后的语境也成了语用知识的一部分，以认知语境的形式存在。概念隐喻、转喻、原型理论、理想的认知模式、意象图式、框架等是认知推理和经验内化常用的认知手段。

语用表现（pragmatic performance）是以话语形式再现出来的认知语境，是对语用知识的认知处理，包括知识分析和语境关联、激活的过程。根据比亚雷斯托克(1993)的双维模式，首先要对已经习得的语用知识进行分析，依据即时语境提供的线索，通过隐喻、转喻等找出其所表征的相关概念结构，并将注意力分配到相关和合适的信息上，最后在真实交际中将这些概念结构加以整合，产出恰当言语行为。这一过程涉及学习者的语篇组织能力，包括遣词造句、控制交际过程等，其实质是对不同概念结构之间关系的把握，也就是"命题、意象图式、转喻和隐喻等理想的认知模式(ICM)之间的一种概念互动"(李健雪，2008，p. 124)。对于多数成年本族语者来说，语用知识已经作为认知语境的形式内化在大脑中了，并具有一定的稳定性，他们能够无意识、自动化地调用这些知识对话语信息进行处理。

语用意识(pragmatic awareness)指交际者对语言运用的规则及交际实现过程有一个清晰、深刻的认识。语用意识至少体现在以下三个层面上：对语言形式、功能意义和相关语境特征的注意，对一般语用准则的理解，以及对它们所反映的社会文化准则的解释(卢加伟，2013a，p. 68)。伊万蒂杜(Ifantidou)(2011)甚至认为语用能力就是一种意识，包含语用意识与元语用意识两个方面。语用意识指学习者能够识别不同语篇类型所传达的语用推断效果，如讽刺、幽默等；元语用意识指能对相关语言形式与语用效果进行元表征和解释的能力。前者所传达的情感、态度等其实就是以认知语境的形式存在的，相当于前文所述的语用知识；而后者则是要理解语言形式通过何种方式产生相应语用效果，这涉及范畴、图式以及隐喻等认知机制。总之，在语用意识层面，交际者能够全面掌控语用知识的习得与激活以及调控语用表现所涉及的所有认知机制和手段（卢加伟，2014，p. 36）。语用意识强调了能力发展的认知过程，揭示了能力发展的动态性特征，在二语学习者的语用发展中发挥着至关重要的作用。

总的来看，语用能力体现为认知语境的形成、激活与产出过程。语用知识是现实经验推理、内化后的结果，以认知语境的方式存在于大脑的长时记忆中，是语用能力的基础。语用表现是语用知识转变成真实交流能力的认知处理结果，是认知语境的外化。语用意识是语用能力概念系统的组织者，是典型的认知过程，要求交际者对语言运用的规则及交际实现过程有着清晰、深刻的认识。从习得的角度看，语用知识是输入的结果，语用表现是产出的行为，而语用意识是连接语用输入和语用输出的桥梁，贯穿整个学习过程。各种各样的认知机制在整个言语活动中起着关键性作用，使得语用知识、语用表现和语用意识构成一个动态的循环系统。

3.2.4 二语语用能力的认知特性

上述语用能力的定义具有普遍性，默认语言为交际者的母语。但是，第二语言语用能力各参数的内容与母语语用能力显然是不一样的，主要体现在已经习得的母语语用知识和语用意识会不可避免地影响二语语用能力的形成与发展。如前所述，语用能力是通过认知手段激活或重构相关经验的行为。二语语用能力的形成实际上是一个经验重构的过程，即依赖二语形式和母语概念，从自身和他人的经验中获得二语语用概念意义，重构二语语用知识体系，发展语用能力。

我们假定，母语语用能力的形成过程依照以下顺序：先有对世界的体验，内化成认知概念或图式，以语用知识（认知语境）的形式存储在大脑中，再依靠隐喻等认知机制学习其外化后的语言形式，建立语义结构与概念结构之间的关系。而在习得外语时，学习者不可能像本族语者那样体验二语发生的场景，更谈不上内化其社会意义。学习者所接触的主要是语言形式，而语言形式是内化后的社会现实的外化表现，第二语言本身是二语所在环境的社会意义的折射，它必然反映着二语所在的社会现实经验。因此，二语语用发展的体验认知模式须通过二语这一媒介，对二语所体验的社会文化意义进行内化。这是一个与母语语用能力习得完全相反的认知过程：先体验语言形式，获得反映二语社会现实的图式或概念结构，将其内化后也以语用知识（认知语境）的形式存储在大脑中，最后再依靠隐喻等认知机制重新理解语言形式与语用意义之间的关系。因此，二语学习者的语用发展首先应植根于二语语言使用的情景和二语学习者的各种认知体验中，依靠认知结构和普遍认知原则相互激活而生成二语语用意义。

拉杜（Lado）（1957）认为，在第二语言习得中，学习者广泛依赖已经掌握的母语，经常将母语的语言形式、意义以及与母语相联系的文化迁移到第二语言习得中去。根据凯奇克斯（Kecskes）的观点（2000，p. 145），"双语认知不依赖语码，而依赖概念。因为产生双语概念的语言与学习者的历史有关"，不同的语言形式在一定程度上反映了不同民族概念化和感知世界的方法。因此，在习得二语时，学习者不仅要学会目标语的语言形式，还要学会与这些形式相关的概念结构。概念结构的习得是一个极其复杂的心理过程。其中，二语学习者知识系统中已有的认知语境不可避免地对目标语概念结构的习得产生相当程度的影响，这就涉及母语语用正迁移与语用负迁移。而人类体验世界的认知趋同性使得语用正迁移在二语习得中的作用不可忽视。认知语言学认为，人类具有普遍的认知能力，具有相似的认知方式。语用知识是人们社会经验的内化，人类经验是以概念结构的形式存储在大脑中的。语言是经验的外在形式，反映概念结构并受制于概念结构。人类具有相同的认知方式，在感知事物的过程中形成了相似的概念结构，却以不同的语言形式表现出来。也就是说，同一个概念结构可以通过汉语的形式表现，也可以通过英语的形式表现出来。二语语用习得是在语言形式习得的基础上习得二语相应的概念结构，即通过体验语言形式获得对二语语用意义的理解。如果人类具有相似的概念结构，那么在语用层面的迁移就有可能出现从母语概念到目的语概念的正向迁移，产生对母语概念的依赖性。因此，语言学习或教学应以母语和目标语的形式差异为前提，强化对形式的注意，依赖母语概念获得对二语概念的体验，为母语语用概念向目标语语用概念正向迁移建立起形式化的桥梁。

从前面两节可以看出，对语用能力本体的研究已不再局限于语用学领域，认知语言学、社会学等领域的知识为我们理解语用能力提供了新的视角和维度。除此之外，语言实践也是推动语用能力研究发展的主要动力之一。随着英语国际通用语（English as a lingua franca，以下简称 ELF）地位的不断深化，以英语本族语者为参照标准的语用能力观受到了新的挑战。本章下节即聚焦于此，讨论国际通用语视角下的语用能力问题，为语用能力研究提供新的参考。

3.3 国际通用语视角

随着经济全球化和国际交流的日益频繁，英语已不再局限于英国、美国、澳大利亚、加拿大等母语国家，而是发展成了国际通用语（lingua franca），广泛应用于政治、经济、社会、文化等国际交流诸领域，这向传统的以英美澳加等国家的英语使用为标准的二语/外语教学模式提出了新的挑战。有鉴于此，本节聚焦国际通用语背景下的语用能力问题，从语用失误的角度分析新形势下语用能力的内涵，并对相应的二语/外语教学提出建议。

3.3.1 研究背景

随着全球化进程的进一步深化，英语的使用范围不断扩大，具有不同语言、不同文化背景的语言使用者之间的交际都在依赖英语进行(Björkman，2014)。鉴于其承担的角色，英语实际上已经是一门国际通用语(陈新仁，2012；文秋芳，2012；石洛祥，2014)。

根据默里(Murray)(2012)的定义，ELF指任何一种充当不同母语使用者之间交流媒介的语言。作为ELF，英语既可以使用于中国人与美国人之间，也可以使用在中国人与日本人之间、泰国人与南非人之间的交际。据统计，非英语母语者的数量已经远远超过了英语本族语者(Sewell，2013；冉永平，2013；文秋芳，2014)，有相当比例的英语作为通用语的交际发生在二语/外语使用者之间，而且很多情况下都没有英语本族语者参与(Sung，2014；陈新仁，2012)。英语作为ELF使用的多样性与复杂性，已经远远超过卡齐鲁(Kachru)(1985)对英语使用核心区域(Inner Circle，如美国、英国、澳大利亚)、外围区域(Outer Circle，如印度、新加坡、菲律宾)和扩展区域(Expanding Circle，如中国、日本、法国)的简单划分。豪斯(2009)指出，英语作为通用语的今天，我们已经不再关注单一的、霸权的英语，而要关注不同的英语变体；英语使用区域的"多样性和多元化已成为英语使用的显著特征，使用范围已经超越核心区域的英美语言标准和社交文化规约"(冉永平，2013，p. 670)。

英语作为通用语，也已经引起了学界的极大关注，已经成为应用语言学的重要研究课题(Murray，2012)。现有研究多集中在ELF的语音语调(Jenkins，2000；Kirkpatrick，2008)、词汇句法(Seidlhofer，2004；Breiteneder，2005；Björkman，2008)、交际策略(House，1999；Björkman，2011)以及教学框架(如文秋芳，2012，2014)等层面。近年来，一些研究者开始讨论ELF背景下的语用问题(如Murray，2012；冉永平，2013；另见陈新仁、王玉丹，2012)，但国内外尚无研究探讨ELF背景下的语用失误(pragmatic failure)问题，更鲜有研究探讨国际通用语背景下的语用能力问题，不利于我们根据新的形势不断拓展语用能力的概念内涵，更不利于语用能力培养工作的开展。

随着跨文化语用学、语际语用学等学科的兴起，语用失误自

20世纪80年代作为一个概念被提出以来，现已发展成为二语/外语教学与研究中的核心议题之一。目前关于语用失误的研究基本上都是以英语本族语者的语用规范为参照的，属于语言使用的核心区域，没有对外围区域和扩展区域语言使用者加以考虑：与核心区域语用规范相一致的英语使用，就是规范的英语用法；否则，就是语用失误。显然，在英语业已成为国际通用语的今天，这种观点对英语使用过于陈旧和简单化，忽视了ELF背景下英语的多样性与复杂性，不再能准确、客观地描述当前的英语使用现状。正如文秋芳教授指出的那样，"当今世界，非英语母语者已经远远超过了英语本族语者，英语权威的中心也已经从本族语者转移到非本族语者身上"（文秋芳，2014，p. 52），并由此引发了学界的极大研究热情。ELF的兴起对经典语用学理论提出了极大的挑战，其中最主要的便是语用规范的选择问题：在传统研究中，将英语本族语者的语用规范作为标准无可厚非，但在ELF背景下，究竟选择何种规范甚或哪些规范作为标准便成为一个棘手的问题（Murray，2012）。相应地，在英语已经成为国际通用语的背景下，如何界定语用失误、如何勾勒语用失误的类型、如何提升语用能力、如何在新形势下展开语用教学等问题便提上日程。

鉴于此，本节在回顾语用失误相关研究以及语用学视角下ELF研究的基础上，结合英语作为通用语的特点，参照托马斯（1983）的行文模式，从语用失误的视角探讨ELF背景下语用能力的概念内涵，并就英语通用语背景下如何进行语用教学提出一些粗浅的建议。

3.3.2 英语通用语的语用学研究

作为通用语的英语已经引起了语用学界的关注，目前此类研究主要集中在交际策略、会话结构等方面。

在交际策略方面，研究指出，ELF交际过程中合作性与竞争性并存（Wolfartsberger，2011），交际双方一般会故意躲避交际过程中存在的困难和误解（Pitzl，2005；Murray，2012），但如果某一信息对于当前的交际特别重要，交际者则会采取显性手段来标示问题源（trouble source）(Cogo & Dewey, 2012)。当出现分歧时，ELF交际双方会采取有标记和无标记的手段来标识自己的不同观点（Angouri, 2012）。总体来看，显性策略（explicit strategies）、理解核查（comprehension checks）、证实核查（confirmation checks）、澄清请求（clarification requests）等策略或者手段在ELF的会话交际中均比较常见（Björkman, 2014）。

从会话结构来看，ELF交际中经常出现本族语者交际中不常见的情况，如合作性重叠（cooperative overlap）、语码转换（Cogo, 2009; Hülmbauer, 2009）等现象，话轮转换也经常不出现在话轮转换关联位置（TRP），话题突然转变的情况也比较常见（Meierkord, 2002）。此外，豪斯（2003）发现，ELF会话中交际者经常在话轮起始位置使用and、but等句首连词，却很少使用yes、I see等标示人际意义的结构。ELF会话中的修正也有自己的特点，例如，斯文内维格（2008）发现ELF中的修正一般都是紧随问题源，而且均旨在解决听力和理解中的问题，与话语的可接受性或适切性无关。从修正的类型来看，易威胁对方面子需求的他人启动修正（other-initiated repair）出现的比例较高，其使用目的一般是保证信息的准确传递。也就是说，在ELF交际中，话语内容的清晰传达才是交际双方的首要任务。

可见，关于ELF的语用研究已取得不少重要的研究发现，但在理论建构方面稍显不足，未能对新形势下的语用失误进行重新界定，不利于作为国际通用语的英语教学与交际的开展。

3.3.3 英语通用语背景下的语用失误新解

（1）语用失误的重新界定

如前所述，随着全球化的进一步深入，英语已成为国际通用语，在世界经济、贸易、文化、教育等领域承担着极其重要的角色。英语已不再仅仅是英语本族语者自己的英语，而变成了全世界所有说英语者的英语。英语的语言特征、社交规范等不应再局限于英语本族语者的语言、社会、文化规范（Murray, 2012），而应该日益体现其国际通用语的特征，英语"使用区域的多样性和多元化已成为英语使用的显著特征"（冉永平，2013，p. 670）。尽管我们可以将语用失误区分为面向英语本族语者的失误与面向非英语本族语者的失误，但是我们提倡基于相同的语用能力评估标准确定相应的语用失误识别标准。

在 ELF 背景下，我们将语用能力定义为恰当地传达交际意图、顺利实现交际目标的能力，体现为对各种社会性因素的考量（如礼貌、合作、同情、乐助、禁忌等）、语境敏感性程度（如场景的正式程度、参与人数、公共/私人场合、一般/紧急场合）、平等、宽容的心态、移情能力、适应能力、磋商能力等（陈新仁，2012；另见文秋芳，2012），这种意义上的语用能力带有很强的建构主义色彩（陈新仁，2014）。

相应地，在 ELF 背景下，我们将语用失误重新定义为跨文化交际者由于对当前语境下的显性或隐性社交语用因素的感知或表达不当而带来的交际问题或障碍，如交际目标或意愿的受挫、面子的伤害等。由此，语用失误的评判标准不再是英语本族语者的交际规则，而是一些普世的交际规则（如话轮转换、礼貌、合作等）、交际双方根据语境动态建构话语的能力、文化包容与适应的能力等。ELF 背景下的交际双方都有自己的社会价值体系，对英语本族语者的语言社交规范也有一定的了解，但不一定对对方的价值体系有很好的掌握。他们在交际过程中，无论是遵循其母语的社会文化规范，还是遵循英语本族语者的文化价值规范，都应该在交际过程中根据语境需求做出动态调整；否则，就属于 ELF 背景下的语用失误。

（2）英语通用语背景下的语用失误的主要类型

在国际通用语背景下，影响交际成功进行的主要因素并不是语音语调、词汇句法等问题，而更多地出现在语用层面（Knapp，2011），特别是社交语用层面。据此，基于社交语用维度，本节尝试归纳出 ELF 背景下英语交际中常见的语用失误类型：

① 对交际场合正式程度、行事程序的感知失误

ELF 交际双方首先需要关注的问题是交际场合的正式程度以及其对应的行事程序，理解语体等社交因素对语言选择方面的要求。一般来说，场合越正式，交际双方的话语就应该越正式；反之亦然（魏玉燕，2001）。如果交际者使用了与语域文体不吻合的话语（如在正式场合使用了非正式的话语），那么就犯了语用失误。如果在正式场合使用了非正式话语，说话人会显得粗鲁、不礼貌、不尊重别人（Murray，2012）。

同时，我们还要关注不同场合的行事程序，按照其相应的要求行事。比如，在学术讲座这种比较正式的场合，主持人没有按照社会规约首先介绍报告人，没有遵照一般的程序办事，也属于语用失误的范畴。

② 对彼此情感距离的感知与表达失误

ELF 交际中语用失误的另一个维度与交际双方对彼此情感距离的感知与表达有关。肖旭月（2003）指出，言语交际会受到情感距离的影响；情感距离越小，话语越直接；情感距离越大，话语越间接、越礼貌。ELF 交际同样受此规则制约。交际双方需要结合语境因素，对情感距离做出合适的判断，并据此产出适切的语言形式。在交际过程中，避免使用过于生硬的表达，也尽量避免给人留下套近乎的印象。

③ 对自己或对方交际目标、行事意愿等的感知失误

ELF 交际中的语用失误还涉及对彼此交际目标、行事意愿等的感知失误。参与 ELF 的交际双方拥有不同的母语文化背景，其结果很可能会是交际双方都基于自己的母语文化进行交际。在交际双方社会文化规则（如意图或意愿表达的直接或明晰程度）不一定共享的情况下，很容易会使对方误解自己的交际意图和行事意愿。此时，如果双方不能顺利表达自己或获取对方的交际目标或行事意愿，便会产生语用失误。

④ 对对方认同的价值观念、习俗等的冒犯

在ELF交际中，如果冒犯对方认同的价值观念、习俗等，也属于语用失误的范畴。价值观念、习俗等是社会文化的重要组成部分。在ELF交际中，我们需要三种处理文化差异的能力：对文化差异的敏感性、对文化差异的宽容度以及处理文化差异的灵活性（文秋芳，2012）。如果学习者不能敏感觉察交际双方的文化价值差异，对文化差异持排斥态度的话，很容易出现交际冲突。因此，在ELF交际中，交际双方需要认同对方的价值观、社会习俗等，并能在交际过程中做出动态调整。

总之，ELF背景下的语用失误研究不再将语用规范性作为研究核心，交际者如何恰当地传达交际意图、顺利实现交际目标才是ELF背景下语用失误研究关注的重心。

除陈新仁、李民（2015）外，冉永平、杨青（2016）也对国际通用语背景下的语用能力作了界定与分析。研究指出，英语国际通用语背景下出现的主体"他者化"、语境多元化等特征，向传统的语用能力研究提出了挑战。语言语用维度表现出更多的信息互明策略、语境顺应策略等，社交语用维度表现出更多的人际关系管理能力、身份协商能力等特征。因此，英语国际通用语背景下的语用能力主要包括语言信息共建能力、人际关系管理能力和交叉文化的多元语用意识三大要素（冉永平、杨青，2016）。

3.3.4 面向英语通用语背景下语用失误的语用教学

（1）增强学生对交际语境正式程度、行事程序等的感知程度

语境，就是语言使用的环境，它决定了话语的形式、话语的适切性以及话语的意义（何兆熊，1997），对语言使用起着非常重要的作用。在全球化的今天，语境对ELF交际同样具有决定性作用。参与ELF的交际双方，需要根据语境因素来动态判定交际的正式程度。如果在正式语境中使用了非正式话语，会显得对对方不尊重；如果在非正式语境中使用了过于正式的话语，则会显得说话人自己难以让人接近。

(2) 提升学生对情感、态度、交际目标、行事意愿等的判断能力,强化学生的"移情意识"

移情(empathy)指交际双方情感相通,能设想和理解对方的用意,既涉及"说话人如何刻意对听话人吐露心声、表达用意"(何自然,1991,p. 11),又涉及"听话人如何设身处地来理解说话人言谈的心态和意图"(同上)。这要求我们在英语教学过程中培养学生的移情意识,在话语产出时能考虑对方的文化价值观念、社交规则等,在理解对方话语时能做到宽容理解,尽量从对方的角度考虑其交际的适切性。从很大程度上来说,ELF交际的成功与语用移情的使用密不可分。

(3) 强化学生跨文化交际发生前的"备课意识"和语用文化信息(如价值观念、习俗等)的搜集与消化能力

ELF交际涉及不同母语背景的语言使用者。不同的国家、不同的社会和不同的文化,往往有不同的价值评判体系(何自然,1991),而我们不可能在课堂教学中涉及所有的相关知识。因此,我们在课堂教学中需要培养学生自我搜索相关文化知识背景信息的能力,培养学生跨文化交际的敏感性、宽容性和灵活性(文秋芳,2012)。在教学过程中,培养学生的"备课意识",使学生能有意识收集相关素材,对参与ELF交际的对方的文化价值观念、社会习俗等有一定的了解,从而能够更加有效地参与ELF交际。

(4) 提升学生的英语表达、澄清、理解能力

ELF交际中,参与者需具备一定的表达、澄清和理解的能力。如果表达能力过低,交际无法进行。但是,在交际过程中误解在所难免,此时就需要说话人具备一定的澄清信息的能力,在误解或者不理解发生时,参与人能够更加明确地说出自己的交际意图或者交际意愿。此外,还需要培养学生对非地道英语的适应能力。ELF中的交际双方在语音语调、词汇句法等方面与英语本族语者有一定差距(Knapp, 2011),但交际双方应该能够理解非本族语者的语音变体(如听懂印度英语、日本英语等)(文秋芳,2012),不

太规范的用词及句法特征(Knapp, 2011)。文秋芳(2012, p. 78)指出，在ELF语境下，人们更多关注的是"学生在多大程度上能够运用所学的语言知识有效完成交际任务"。此时关注的中心不是说话人能够做到语音语调标准、说话流利、用词准确、语法错误少等，而是重点关注说出的话语是否能够适切地表达自己的交际目标与行事意愿。

（5）增强学生善于观察、随机应变的变通能力、磋商能力、纠错能力

文秋芳教授(2012, p. 80)指出，"语言教学的预期结果是获得在线生成恰当策略的能力"，即ELF交际背景下的语用能力。这要求学习者在ELF交际过程中善于观察交际语境，并具备相应的变通能力、磋商能力和纠错能力。在英语教学中，不可能涉及所有的交际规则、社会习俗等，因此需要重点培养学生善于发现文化差异、培养他们能够据此动态管理自己话语的能力，教会他们如何在发现对方的交际规则与自己的预期不一致时，能做出及时的变通，能经过磋商发现对方的文化规约并据此对自己的话语进行适当调整。

3.4 结语

语用能力理论建设是语用学的一个重要课题，2008年国内学界曾在华东师范大学专门举行了一次"全国首届语用能力与发展高层论坛"，2013年第十三届全国语用学研讨会再次将语用能力问题研究作为大会主题，可见学界对该问题的密切、深切关注。现有语用能力本体研究大多带有本质主义色彩，倾向于从知识论的角度对语用能力进行界定、分析，对语用能力的互动性、动态性、认知特性等缺乏必要关注。鉴于此，本章从社会建构论、认知语用和国际通用语视角入手，尝试为语用能力研究提供新的分析视角。

社会建构论视角下的语用能力观，关注言语交际的动态性、可

变性、不确定性、主体间性或交互性、临时性、可磋商性、能动性、过程性、建构性等特征，认为语用能力应包括与交际对方进行交际目标磋商的能力、与交际对方进行意义磋商的能力、与交际对方进行礼貌共建的能力和与交际对方共同构建身份关系的能力。认知语用视角下，语用能力被界定为交际者依据现实语境用语言再现或重构相关经验的行为，涉及认知语境的形成、激活与产出，二语语用能力的发展与母语语用能力的习得过程完全相反，是一个从语言形式到概念结构再到语用意义的过程。国际通用语视角下，语用能力则可被看作恰当地传达交际意图、顺利实现交际目标的能力，主要体现为对各种社会性因素的考量（如礼貌、合作、同情、乐助、禁忌等）、语境敏感性程度（如场景的正式程度、参与人数、公共/私人场合、一般/紧急场合）、平等、宽容的心态、移情能力、适应能力、磋商能力等。

这些新的视角进一步丰富、完善了我们对语用能力的理解，为语用能力研究提供了新的分析维度。如何将这些新的理论视角与传统的语用能力观相结合，生成统一的、维度清晰的语用能力分析框架，为语用能力研究提供明确的理论支撑，仍待学界进一步研究。

第4章 语用迁移与语用能力发展

20世纪80年代，随着语际语用学的兴起，人们开始从语用习得的角度研究二语学习者如何用目的语理解和实施二语言语行为以及如何习得二语语用知识。结果发现，学习者虽然已经习得了目的语的语法/语言形式，但不一定能理解制约目的语使用的社会文化规则。学习者在交际中往往把自己母语的社会文化准则迁移到目的语中，产出不适切的目的语言语行为，导致语用失误，阻碍二语语用能力的发展。卡斯珀（1992）认为语用迁移是语用失误的主要来源之一。本章将先介绍语用迁移的定义与类型，接着讨论语用迁移的影响因素，最后借助一项实证研究，考察语用迁移与二语水平以及语用能力发展的关系。

4.1 语用迁移的定义与类型

语用迁移研究是语际语用学与二语习得研究相结合的交叉研究领域，它研究语言习得者的母语和文化语用知识对二语习得的影响。二语习得领域的迁移研究始于20世纪50年代，直到80年代中介语语用学的兴起，迁移的研究才涉及语用问题。

4.1.1 语用迁移的定义

语用迁移研究初期，其定义一直是二语习得领域争论的话题之一。主要原因就是该概念的两个组成部分"语用"和"迁移"本身的界定就存在着很大的问题（Odlin，1989；Beebe *et al.*，1990）。后来随着语际语用学研究领域的不断明确，部分研究者对语用迁移的定义开始被大家接受。语际语用学主要研究的是二语学习者如何理解和实施二语言语行为以及如何习得二语语用知识。研究者对语用迁移的定义与言语行为密切相关，如高桥智子(Tomoko Takahashi)、毕比(Beebe)(1987, p. 134)从二语学习者言语行为的实现角度，将语用迁移定义为"将第一语言的社会文化交际能力迁移到实施第二语言言语行为中去"。毕比等(1990, p. 56)认为语用迁移是"在二语会话中，说话人实施二语言语行为时，为达到某种语言功能，将一语社会文化能力迁移到二语中"。卡斯珀(1992, p. 20)在分析和厘清语用学的研究范畴以及迁移的内涵后，将语用迁移界定为"学习者已有的语言和文化语用知识对二语语用信息的理解、产出和学习所施加的影响"。其中语用知识应该理解为"语言使用者总的交际知识中的一个特殊成分，即在一定的语境和语篇限制下，言语行为是如何按照说话人的意图得到理解和实施的"(Faerch & Kasper, 1984, p. 203)。这一界定得到了语用迁移研究者的广泛认可，在此框架下出现了大量语用迁移的实证研究。

4.1.2 语用迁移的分类

（1）语用语言迁移和社交语用迁移

从表现形式上来看，卡斯珀(1992)根据利奇(1983)关于语用语言学(pragmalinguistics)和社交语用学(sociopragmatics)的分类，将语用迁移分为语用语言迁移(pragmalinguistic transfer)和社交语用迁移(sociopragmatic transfer)。前者指母语语言现象所固有的施为用意会影响二语习得者的感知，从而产生形式与功能的映射；后者指语言使用者对二语中语言行为的解释和产生的社会感知受到母语语境知识的影响。语用语言迁移是母语中具体语言形式所特有的言外之力(illocutionary force)或礼貌对学习者理解中介语的形式—功能匹配和实施言语行为施加影响的过程(Blum-Kulka, 1982; Trosborg, 1987; Beebe *et al.*, 1990;

Bergman & Kasper, 1993; Maeshiba *et al.*, 1996), 而社交语用迁移则是当学习者实施和理解二语言语行为时，其所基于的社会感知受到他们对母语语境中的对等形式的主观评估的影响，即说话者将其在母语中对实施某一言语行为的理解迁移到二语学习的过程中（Cohen & Olshtain, 1981; Olshtain & Cohen, 1989; Beebe *et al.*, 1990)。当二语学习者想用目的语的言语行为表达意图时，两种类型的语用迁移总是同时表现出来，在学习者的交际能力的表现中共同起作用。

（2）语用正迁移和语用负迁移

从作用或方向性上语用迁移可分为语用正迁移和语用负迁移（Kasper, 1992）。语用正迁移是指以母语为基础的语用语言和社交语用知识迁移到二语语境中，这种迁移产生的感知和言语行为与二语使用者的一致，母语和二语展现出相似的语用语言和社交语用特征。语用负迁移是指以母语为基础的语用语言和社交语用知识迁移到二语语境中，这种迁移导致的感知效果和言语行为不同于二语使用者。正迁移被认为有助于二语习得，往往能保证交际成功（Kasper, 1992; Baron, 2003），因此这方面的研究不多。另外，很难将是正迁移还是学习者在应用普遍语用知识区别开，也很难将是正迁移还是学习者对中介语语用知识的概括区别开（Kasper, 1992）。目前，在尚未充分了解普遍语用知识具体信息的情况下，中介语语用学将在目的语表达中使用母语语用知识视为正迁移。但是，表层的研究无法告诉我们，学习者在实施一个言语行为时是否确实会依赖他们的母语（卢仁顺、夏桂兰，2005）。因此，正负迁移研究的重心主要集中在负向迁移，旨在帮助语言使用者意识到由于母语迁移造成的语用失误，从而找到跨文化交际的成功之路，发展语用能力。

4.2 语用迁移的影响因素

影响语用迁移的因素既有社会语言文化本身内部的结构性因素,也有外部非结构性因素。结构性因素包括母语与目的语在语言语法规则、社会语用模式上的异同点。非结构性因素包括学习者外在因素(学习环境及在目的语社区居留时间等)和内在因素(对目的语社区的态度、对两种语言距离的感知、二语语言水平以及学习态度等)。这些影响因素相互交叉,共同对语用迁移产生作用。

4.2.1 母语与目的语语言结构差异

语言结构包括语言语法规则以及各种言语行为的语言实现形式(语用策略)。虽然母语与目的语在语言结构上的相似之处也可能导致语用迁移,但我们并不清楚学习者在多大程度上依赖其母语的语言规则。因此,人们更加关注的是由语言间差异引起的迁移。当母语的语言知识与目的语的语言现象相矛盾或冲突时,学习者经常把母语的社会语言常规用来实施二语中的言语行为,即将母语中的语用策略直接迁移到目的语中去,由此产生语用负迁移。

布卢姆-库尔卡(1982)研究了以希伯来语为二语的加拿大学习者的请求言语行为。她发现,学习者能成功地将两种语言中都具有的请求策略从英语中迁移到希伯来语中,从而产生语用正迁移。但学习者也倾向于使用希伯来语中的能力询问句"*Can you …*",结果导致其产出的语言形式并不具备请求功能。在英语中看,"*Can you …*"既可以询问能力,也可以表达请求。而学习者在使用"*Can you …*"时,并非实施请求言语行为,而是询问对方是否具有某种能力。这也是一种正向迁移。布卢姆-库尔卡据此认为,两种语言中功能与形式的相似性并非在所有的情形下都起作用。她还发现希伯来语表达请求的策略不同于英语，说希伯来语的英语学习者在习得请求策略时会把希伯来语中的一些特征迁移到英语的语言形式中，因而产生负迁移。

卡斯珀（1989）发现丹麦学习者在习得德语请求言语行为时，丹麦语中形式上对等的表请求的情态动词会迁移到德语语境中，但并不能表达相应的请求功能，由此产生语用负迁移。费尔格（Faerch）、卡斯珀（1989）调查了丹麦的英语和德语学习者的请求言语行为，发现丹麦语中的"咨询策略"（consultative device）也会被迁移到德语中，学习者在德语中也仍遵循丹麦语中的否定规则，语用负迁移痕迹明显。

高桥智子、杜方（Dufon）（1989）的研究证实学习者的确会在实施二语请求言语行为中使用基于母语的间接请求策略。毕比等（1990）对日本学习者的拒绝言语行为进行研究，发现在美国的日本英语学习者在语义程式语的顺序、频率和内容三个层面上有语用迁移现象。

4.2.2 社会语用模式的差异

社会语用模式主要涉及学习者对社会文化语境因素和所采用的礼貌风格的认识，由此产生的迁移被认为是社交语用迁移。高桥智子、毕比（1993）采用语篇完形测试的方法，考查了日本英语学习者的纠错言语行为，发现他们将日语中的风格转换策略迁移到了英语语境，证实了社会语用模式差异会导致语用迁移。他们认为原因在于日本人认为注重客观存在的地位差异就是礼貌，而美国人认为礼貌就意味着不管地位的差异。高桥智子、毕比还发现了由于日、美两种文化之间不同的礼貌取向而导致的母语语用迁移。

加西亚（Garcia）（1989）经过调查西班牙英语学习者的道歉言语行为后发现，学习者将母语中的正面礼貌策略迁移到了二语语境。事实上，目标语中却采用负面礼貌策略，导致了语用负迁移。豪斯（1988）对德国英语学习者的中介语道歉言语行为语料分析发现，学习者的中介语中存在母语交际风格的迁移，而并不存在母语礼貌取向的迁移。豪斯发现德国人和德国英语学习者不怎么使用熟语来道歉，而英国人却经常使用"sorry"这一熟语。豪斯认为德国英语学习者迁移了其母语中的"自我取向"策略，而英国人经常使用"他人取向"策略。

卡斯珀（1992）认为在施为用意、言语策略、语言形式、礼貌价值、直接和间接表达等方面，语言使用会受到社交语用知识的影响，学习者母语文化中言语行为的社会可接受性会影响他们在二语语境中的言语行为。毕比、高桥智子（1989）的研究还表明：（1）日本人和美国人用英语完成威胁面子的言语行为时存在巨大差异。（2）日本英语学习者在表达间接和非明示的言语行为时与原型不一致。（3）日本人和美国人说英语时的风格会根据说话人的社会地位变化。（4）日本人说英语时特别擅长根据对话人的社会地位而改变风格。同样，日本人在某些语境中实施的自己认为合适但威胁面子的言语行为，会迁移到二语语境中。

4.2.3 学习者的二语语言水平

高桥智子、毕比（1987）提出了二语水平与语用迁移关系的正相关假设：语用迁移随着二语水平的提高而增加。他们认为既然二语水平更高的学习者能控制目的语使他们足以在语用水平上来表达在他们的母语中自然表达的感情，那么相对于那些二语水平较低的学习者来说，他们更有可能将他们母语中的社会文化准则迁移到目的语表达中去。由于缺乏足够的目的语（语言）知识，低水平学习者不能够将复杂的母语语用知识迁移到目的语中去，即不能够用目的语来表达出母语语用知识。他们随后对不同水平的日本英语学习者通过目的语实施的拒绝言语行为进行了研究。结果表明，在外语学习者内部预期的语言水平差异对语用迁移的影响并没有出现。至于英语二语学习者被试，语义程式的顺序和频率也只是微弱地证实了他们的正相关假设。虽然该研究没能明确证明研究者预测的语言水平对语用迁移的影响，它却是第一个明

第4章 语用迁移与语用能力发展

确考察不同的二语水平以及外语和二语语境对语用迁移影响的研究。

布卢姆-库尔卡(1982)用语篇补全测试调查了加拿大说英语的希伯来语学习者的请求策略。结果证明学习者将母语社会准则向目的语迁移的存在:他们会选择比希伯来语本族语者不太直接的请求方式。但是,布卢姆-库尔卡的研究表明学习者将间接请求策略从希伯来语迁移到英语并没有像预期的那样多,因为他们缺乏足够复杂的目的语语言知识来实施间接策略。因此,只有有限的目的语语言知识,学习者有可能依赖于目的语中简单的策略,而不能将他们母语的语用策略用目的语表达出来。特罗斯勃格(Trosborg)(1987)发现缺乏目的语复杂的语言知识有可能阻碍丹麦英语学习者将他们本族语中常用的道歉策略迁移到目的语中去。科恩、奥尔西顿(Olshtain)(1981)的研究表明希伯来英语学习者在实施目的语道歉时,也比他们实施母语道歉语时不太常用某些诸如提出补偿或承认责任等语义程式,因为学习者的二语语言水平不足以让他们产生合适的语义程式。奥尔西顿、科恩(1989)也将希伯来英语学习者没能将他们母语中的道歉策略和修饰策略迁移到目的语中归因于他们缺乏足够的目的语知识。他们报告说:"非本族语者意识到了道歉的社会语言需要,然而,因为他们的语言能力有限,他们往往使用错误的语言形式,产生的言语行为听起来很怪异,甚至会导致交际失败,这种现象很常见。"(p.62)因此,这些发现暗示即使二语学习者想将他们的母语语用知识迁移到目的语中去,他们也很难做到,因为他们没有足够的语言能力用合适的目的语语言形式去表达母语的文化准则。

特罗斯勃格(1987)用角色扮演法对比了12名英语本族语者、12名丹麦本族语者和3种水平(中等、较低高水平和更高高水平)的12名丹麦英语学习者的道歉言语行为。相比丹麦本族语者和英语本族语者的道歉策略,她并没有发现语言水平在三组语言水平的道歉策略的使用频率上对语用迁移有明显的影响。但是,特罗斯勃格报告了和布卢姆-库尔卡(1982)、奥尔西顿、科恩

(1989)以及高桥智子、毕比(1987)相似的发现:缺乏目的语复杂的语言知识有可能阻碍丹麦英语学习者将他们本族语中常用的道歉策略迁移到目的语中去。

其他的一些研究发现似乎并没有支持高桥智子、毕比的假设。高桥智子、杜方(1989)的研究结果和正相关假设正好相反。他们用角色扮演法考察了日本英语学习者是否会将她们母语的间接请求策略迁移到两个目的语请求语境中。他们的初学者由于受到母语准则影响,会比高水平学习者使用更间接策略的假设没有得到证实。然而,高桥智子、杜方称从请求言语行为的直接程度方面来说,初级学习者中出现了更多的语用迁移现象。

前芝直子(Naoko Maeshiba)等(1996)为检验高桥智子、毕比的假设做了一次问卷调查,研究在夏威夷大学的中、高级日本英语学习者的道歉言语行为。这项研究是目前在中介语语用学文献中所能找到的唯一直接考查语用迁移与水平关系的研究。他们发现中级水平学习者比高级水平学习者更有可能将他们的母语道歉策略迁移到目的语中去。前芝直子等报告说高水平日本英语学习者更接近于英语本族语者,在他们的道歉言语中使用了更多的明确的道歉语(I am sorry)、更多的强化词(truly, really)以及更多的同情话语(Did my words upset you?)。前芝直子等注意到虽然高级水平学习者不像英语本族语者那样使用较强的道歉语力,他们的道歉语力几乎是中级水平学习者和日语本族语者的两倍。他们认为,这反映了高级水平学习者的语用能力在不断发展,"高级水平学习者正在放弃根据交际对方的身份地位而调整道歉力强度的母语模式以顺应交际双方地位平等的目的语用法"(p.172)。研究结果并没有支持高桥智子、毕比的迁移与水平正相关假设,反而表明迁移与水平负相关。

4.2.4 语言学习环境及在目的语社区居留时间

高桥智子、毕比(1987)提出假设,认为学习者如果是在英语不是作为母语而是作为外语的语境下学习英语,会比在英语作为母语的二语环境中有更多的语用迁移现象发生。他们对20名日语本族语者、20名英语本族语者、40名日本英语学习者（其中20名为在日本本土的EFL学习者，20名为在美国的ESL学习者）的拒绝言语行为进行了比较，发现从日语向英语的语用迁移在两种环境中都有，但在日语环境中学习英语的学生比在英语环境中学习的学生的日语语用迁移更多。如果这个结果真是因为学习环境造成的，那么在目的语环境中学习时间的长短与语用迁移的程度就成负相关。然而，目前尚无实验研究证明目的语环境中的学习时间长短对语用转移程度确实有影响。反而有研究报告称，延长在目的语环境中的学习时间并不会减少或消除语用迁移。

4.2.5 课堂教学

很多研究表明，课堂语用教学有助于培养学生的语用意识，提高他们的语用能力。语用迁移是影响学习者语用能力提高的一个重要因素，但语用教学能否减少或消除语用迁移，从而提高学习者的语用能力？目前专门讨论语用教学对语用迁移的影响的研究较为鲜少。

4.3 语用迁移研究存在的问题及研究方向

以上研究证明了语用迁移的确存在于学习者的目的语话语中。然而，也有研究表明并不存在迁移（如Trosborg，1987）。另外，有些研究者原本打算调查迁移，但结果并没有发现迁移现象（如Rintell，1979）。问题在于目前国内外对语用迁移的研究几乎全部是从言语行为的角度进行的，请求、道歉、邀请、建议、提供、拒绝、抱怨等言语行为都被当作过研究对象来考察语用迁移的情况。仅仅依靠语言行为语料能否足以探寻"无迁移"的因果变量？话语标记语和语用常规也是学习者语用习得的重要内容，但几乎没有研究将他们作为对象来考察语用迁移。将来的研究者能在这两方面找到迁移或"无迁移"的证据，则可以明确地表明语用迁移确实存在或不存在。

促使二语学习者依赖其母语语用策略、导致迁移的出现或不出现的条件或因素是最值得研究的问题。但是从目前的文献来看，明确说明从影响因素的角度来考察语用迁移的研究仍不是很多。因此语用迁移的原因以及可迁移性的制约因素，也是有待深入探讨的问题。语用学的礼貌原则、言语行为理论、会话分析、跨文化语用学、顺应论、关联理论、模因论等，对于分析和解释语用迁移的原因，究竟有多大程度上的解释力；可迁移性限制制约因素是促进还是限制了迁移的产生，人们对限制条件在迁移的过程中起什么作用，起的作用到何种程度，本族语者和非本族语者是否会在不同的语境中改变他们的策略，限制条件与语用知识的普遍性，说话人对本族语的感知和对母语与二语之间的语言距离的感知是否相关，限制语用可迁移性的其他一些因素如语言水平，在二语环境里待的时间长短，年龄、性格或学习环境等变量都可作为考察语用可迁移性的影响因素。

方法论问题在所综述的研究中也十分凸显。首先是除了伯格曼(Bergman)、卡斯珀(1993)以外，大多数的语用迁移研究都没有设定用以确认迁移是否出现的标准。确定语用迁移是否发生有两大类证据：一是语言本身的证据，二是学习者内省的证据。目前的许多研究所收集的语用迁移的证据大都是语言本身的证据。贾维斯(Jarvis)(2000)认为确定语言迁移要满足三种证据：同一母语背景学习者的中介语表现具有同质性，不同母语背景学习者的中介语表现具有异质性，同一母语背景学习者的母语和中介语表现具有一致性。通常，语用特征在母语、目的语和中介语之间出现的对应频率或百分比的相似性可以用来决定语用迁移是否出现。然而，大多数的研究者都只依靠自己对语用策略出现频率的相似性的粗略估计来做出判断，而没有一个明确的、量化的标准。卡斯珀(1992)指出，我们需要使用一些统计方法来确定这种相似性以确定语用迁移是否出现。其实我们更应该关注通过学习者内省的方式获得的语用迁移的认知或心理证据(Robinson，1992)。有声思维、回访和即时翻译是最常用的获得学习者发生语用迁移的心理过程的方法。这应是语用迁移研究方法上的发展趋势。

4.4 语用迁移与二语水平的关系实证研究

目前明确考察二语语言水平与语用迁移关系的研究还极少，且仅有的几项研究结论也不一(详见4.2.3)。本节通过考察中国英语学习者高低两个语言水平组的拒绝言语行为策略来研究语用迁移及其与二语水平的关系。

在二语习得中，学习者往往借助母语知识来帮助使用和理解语言，母语语用知识的迁移现象较为普遍，当学习者因缺少必要的二语知识而出现表达困难时，往往会求助于母语来弥补这种不足，将母语中的语用语言和社交语用知识迁移到目的语中。但是，不同的二语语言水平学习者言语行为中表现出的语用迁移情况并不一样。目前中介语用学领域有关语言水平与语用迁移关系的研究并不太多，并且这些研究的结果发现并不一致，仍有许多不足之处。其中最明显的一个就是如何确立被试间的水平差异。比如，在高桥智子、毕比的研究中，低水平和高水平二语学习者的水平差异是通过他们在美国居住的时间的长短和他们在学校的学历地位（本科生对研究生）来决定的，没有有效的数据证明。高桥智子(1996)用学习者的SLEPT分数来确立他们的水平差异，可是他们预期的语言水平差异对语用迁移的影响并没有出现。前芝直子等(1996)使用托福分数来确立低水平和高水平组的语言水平差异，他们的发现却与高桥智子、毕比的相反。另一个不足涉及拒绝言语行为的语言文化等诱发因素。比如，在对邀请的拒绝中，邀请就是一种诱发说话者做出拒绝行为的因素。不同的诱发言语行为会使学习者使用不同的拒绝策略。如在拒绝邀请时，说话人通常会使用表达感谢的字眼，而在拒绝请求时，这种策略很少使用。不同水平的学习者会表现出不同的拒绝言语行为习得结果。最关键的是大多数的语用迁移研究都没有设定用以确认迁移是否出现的标准，以及如何判断二语水平对语用迁移的影响。

4.4.1 本研究的理论与分析框架

(1) 研究对象

作为"语言交际的基本或最小单位"(Searle, 1969:16)，言语行为是语用学研究的一个基本话题，也是中介语语用学研究的主要范围。前者研究的是言语行为的普遍性功能，后者研究的是言语行为在不同语言文化背景下的具体实现策略。许多言语行为诸如抱怨、建议、请求、道歉等都被研究者作为二语语用能力的体现形式进行过详细的考察。目前文献中有关语用迁移的研究几乎都是从言语行为的角度进行的，考察母语言语行为策略对实施二语言语行为的影响。

在所涉及的言语行为中，拒绝在本质上是最具威胁别人面子的一种言语行为，因此需要采用各种策略来避免伤害对方。但是，不同的语言和文化具有不同的社会文化适宜标准，英汉两种语言在拒绝言语行为的实现策略与方式上存在明显差异(Liao & Bresnahan, 1996; 马月兰, 1998; 王爱华, 2001; 徐晓燕、夏伟蓉, 2003; 姚俊, 2003等)。对于二语学习者来说，如果缺乏足够的目的语的社会文化准则知识，他们在实施拒绝时就有可能依赖其根深蒂固的母语中的策略标准，从而产生语用迁移。普遍认为，语用迁移，尤其是语用负迁移，是引起语用失误的重要因素之一(戴炜栋、张红玲, 2000; 孙亚、戴凌, 2002等)，而后者又有可能"使交际行为中断或失败，导致交际不能取得预期效果或达到圆满的交际效果"(孙亚、戴凌, 2002, p. 19)。因此，用二语实施拒绝言语行为被认为是一项极具挑战和复杂的任务(Beebe *et al.*, 1990)，母语、中介语和目的语拒绝言语行为的实现策略也就成了语用迁移研究的最佳对象。

（2）研究问题

本研究通过考察一组大一（低二语水平组）和大三（高二语水平组）中国英语学习者的拒绝言语行为策略来探讨语用迁移及其与二语水平的关系，并尝试回答下列两组问题：

① 中国英语学习者在实施拒绝时，其语义程式的使用频率和排列顺序是否会出现语用迁移现象？若是，属于何种类型的语用迁移？

② 中国英语学习者的英语语言水平是否会影响其拒绝程式的使用频率和排列顺序的语用迁移？若是，语用迁移与二语水平关系如何？

（3）调查对象

共有166名被试参加了本研究，其中包括26名中国汉语本族语者（以下简称中国组被试）、20名美国英语本族语者（以下简称美国组被试）和120名中国英语学习者（以下简称学习者组被试），其中大一组被试和大三组被试各60名。我们对大一、大三两个预估的水平组用水平相当于大学英语六级的试卷进行了测试。独立样本T检验表明两个语言水平组的成绩存在显著性差异（$t = -6.662$，$Sig. = .000 < .05$），说明两个组的水平差异是有效的。为避免语言间的相互影响，汉语本族语被试和英语本族语被试都是操单一语言者，而中国英语学习者组被试也只参加英语版本的调查问卷。

（4）调查工具

本研究使用的调查工具是二语言语行为研究中最常用的数据收集方法——语篇补全测试（DCT，Discourse Completion Test）。它是一种书面调查问卷方法，先是一些简短的情景描述，然后是一个短对话，其中一部分给出，要求被试补全另一部分，要补全的那部分就含有待研究的言语行为。下面是一个诱发拒绝言语行为的语篇补全测试的例子（4-1）：

(4-1)（你是一名大学生，每次都能按时到课，认真做笔记。你的一位同学经常缺课，有一次向你借课堂笔记。）

同学：天哪，明天就考试了，我上周的笔记还没有呢。不好意思，你能不能把你的笔记再借我一下？

你：_____

同学：噢，那我向其他人借吧。

本研究之所以选择 DCT 作为收集数据的工具是因为它是一种可以控制的诱发方法，能满足进行跨文化对比研究的需要，它能够让研究者控制情景变量，能够快速有效地收集大量数据，最重要的是 DCT 能够让被试产出模式化的回应，即前后语境迫使他们不得不做出拒绝或其他待研究的言语行为。在本研究中，12 个 DCT 情景改编自毕比等(1990)的拒绝言语行为研究，共有 4 种类型的拒绝诱发因素：3 个请求、3 个邀请、3 个提供和 3 个建议。

(5) 数据分析

① 分析工具

本研究数据分析的工具主要采用毕比等(1990)在研究日本英语二语学习者的拒绝言语行为语用迁移时制定的语义成分分析法。被试的拒绝言语行为被认为是由多个语义程式组成的一个序列。语义程式(Semantic Formulas)是指"一个单词、短语或句子，它满足某个特定的语义标准或策略，其中任何一个或几个可以用来实施待研究的言语行为"(Cohen, 1996, p.265)。因此，语义成分也称语用策略。本文以毕比等(1990)对拒绝言语行为的分类为基础，根据本调查中出现的语用策略，对拒绝言语行为的语义程式进行了重新归纳。限于篇幅，仅举例如下：

直接拒绝（Direct Refusal）：包括施为性程式，如"我拒绝……"(I refuse ...) 和非施为性话语，通常用"不"(No)，或"不，我不能"(No, I can't)等直接的否定字眼做出回应。这被认为是拒绝的最不礼貌的一种形式。

表达遗憾或歉意（Statement of Regret）：间接拒绝的一种回应方式，相对来说比较有礼貌。汉语中用"不好意思……""非常遗憾（遗憾）……"或"很对不起"等来表达，英语中如"I'm sorry …"或"I feel terrible …"等。

原因、借口或理由（Reason, Excuse, or Explanation）：一种间接拒绝。汉语中用"今天晚上我有点事"或"我今天有点不舒服"等来作为拒绝别人的借口或理由，英语中如"My children will be home that night."或"I have a headache."等。

需要说明的是，拒绝分为直接拒绝和间接拒绝两大类。为了数据上的研究方便，本文将所有的语义程式（无论直接或间接）统一编码，因为本研究不在于考察学习者使用的策略与策略之间的差异，而在于学习者与两个本族语者拒绝模式在总体上的对比。另外，有的程式可以单独表达拒绝意义，而有的程式必须和另外某一个或几个一起才能表示拒绝的意义。

② 数据编码

从三组被试中收集的数据（语义程式）都将依据上述语义程式的分类进行编码。如当某个被试在拒绝一个朋友邀请他吃饭时说"不好意思，我已经有安排了，下次吧"，我们将其编码为[表达遗憾或歉意] + [原因，借口或理由] + [提供另一种方法或选择]，即在一个拒绝序列中，总共出现了3种语义程式，排列顺序是先表达歉意，接着给出借口，最后提供另一种选择，以弱化拒绝语力。英语话语"I'm sorry, I've already had plans. Maybe next time."编码为[statement of regret] + [reason, excuse or explanation] + [statement of alternative]。

③ 语义程式的使用频率和排列顺序

编码完成后，统计每组在这些语义程式上的使用频率和排列顺序。语义程式的使用频率指某一组被试在某一个诱发情景中使用的某个语用程式的总数量。如汉语本族语者在拒绝邀请时，在3个情景的78条拒绝话语中，所使用的语义程式总共出现了80次，其中"表达遗憾或歉意"这个语义程式出现了30次。因此，30

是该语义程式的使用频率。本研究共有19种语义程式(参见表4.1)。某个语义程式在某一次拒绝话语中可能重复出现多次，在统计该程式的使用频率时，我们按实际出现的次数计算。如在拒绝他人的请求中，"表达遗憾或歉意"这个语义程式在"不好意思，我今天还有点事，远方来了个亲戚，我得去接她。实在不好意思啊"这条拒绝话语中出现了两次，就按两次计算。为了使各组之间具有可比性，研究者将使用频率转化为百分数，即将某个诱发因素中所使用的某个语义程式的个数除以该诱发因素中出现的所有语义程式的使用总个数再乘以100。

语义程式的排列顺序指组成拒绝话语的各个语义程式出现的先后顺序。如在上例中[表达遗憾或歉意]位于拒绝序列的最开始，[原因、借口或理由]排列在中间，而[提供另一种方法或选择]则出现在拒绝话语的最后，它们共同形成一个拒绝话语序列。研究仍以某个语义程式在某个特定位置出现的次数/频率来考察学习者拒绝语义程式的排列顺序中表现出的语用迁移情况。当中国组被试的拒绝话语语义程式的某一特定的排列顺序出现的次数和中国英语学习者被试在同一排列顺序上使用次数间的差异度低于美国组被试和中国英语学习者被试在这种排列顺序的使用次数间的差异度时，由此产生的语用迁移被认为是现实的、有效的。

(6) 判断语用迁移发生的证据

依据贾维斯(2000)，确定语用迁移发生的证据至少涉及三对比较：母语与目的语之间的比较、中介语与母语之间的比较以及中介语与目的语之间的比较。奥德林(Odlin)(1989)认为目的语与母语之间的相似或差异都有可能引起语用迁移。但是，如果目的语与母语在某个言语行为策略上表现一致，就很难确定学习者的中介语到底与哪一方更相似，语用迁移也就很难识别。因此，许多研究都集中在由于目的语与母语之间的差异导致的语用迁移。只有当母语和目的语在同一策略使用频率上差异较大时，语用迁移表现得才最明显。因此，母语与目的语之间的比较主要是发现两者之间的差异程度，为语用迁移的发生提供前提条件。而母语和中介语之间的比较则是为了发现两者之间的相似度以决定语用迁移的程度。如果学习者中介语中表现出的语用策略与其母语的语用策略相似度很大，则语用迁移表现得最明显。中介语与目的语之间的比较则可以表明学习者二语语用能力的大小。如果学习者中介语中表现出的语用策略与目的语的语用策略相似度很大，则说明其二语语用能力很强。其实，后两对比较是一回事。在第一对比较不变的情况下，学习者中介语与其母语相似度越大，其与目的语的相似度也就越小。卡斯珀（1992）指出，我们需要使用一些统计方法来确定这种相似度以确定语用迁移是否出现。显然，问题的关键在于这种"相似度"如何确定。

① 差异度

上述三对比较中，母语与目的语之间的差异是语用迁移发生的前提，中介语与母语之间的相似度决定了语用迁移表现是否明显。如果学习者中介语中表现出的语用策略与其母语的语用策略相似度很大，则语用迁移表现得最明显。反之，如果学习者中介语中表现出的语用策略与其母语的语用策略相似度很小，则语用迁移表现得最不明显。也就是说，如果学习者中介语中表现出的语用策略与其母语的语用策略差异度很大，则语用迁移表现得最不明显。因此，研究"差异"与研究"相似"一致，只是侧重点不同而已。那么，如何确定两个事物之间的差异程度呢？究竟两者之间的差异达到多少才能说明它们非常相似或差异很大？

两个不同的语言组在某个拒绝语义程式上的使用频率存在差异，如果用较大频率值减去较小频率值再除以较大频率值，将得到一个区间为[0, 1]的数值，即为两组在该语义程式使用频率上的差异度。在评判标准方面，本文以统计学中认定的下四分位数（第25百分位数）为分界线，即以25%为基准。如果中美两组被试在使用某个语义程式上的差异度小于25%，则认为两组在该语义程式的使用上无区别性差异，说明两种语言在该语义程式上的使用相似度很大；如果差异度大于25%，则认为两组在该语义程式的使用上有区别性差异，说明两种语言在该语义程式上的使用相似度很小。所谓"区别性"指能够明确区别出两者之间在某种语用策略的使用上的差异。例如，中国组被试在拒绝请求时使用"直接拒绝"程式的频率为3%，而美国组被试在该程式上的使用频率为11.3%，那么中美两组被试在该语义程式上的使用差异度为$(11.3\%-3\%)/11.3\%=73\%$。该差异度远大于25%，说明两组在该语义程式的使用上有区别性差异，为语用迁移的发生提供了可能条件。

② 语用迁移再分类

依据以上原则，本文将语用迁移分为区别性语用迁移和非区别性语用迁移两类，并按照程度大小将区别性语用迁移又细分为语用迁移过度、明显语用迁移、非明显语用迁移与语用迁移凹陷。

在本研究中，如果汉语与英语在拒绝话语序列某个语义程式上的使用差异度大于25%，则认为两种语言之间在该程式的使用上存在区别性差异，由此引起的中国英语学习者言语行为中的语用迁移被称为区别性语用迁移(Distinctive Pragmatic Transfer)。

相反地，如果汉语与英语在拒绝话语序列某个语义程式上的使用差异度小于25%，则认为两种语言之间在该程式的使用上的差异较小、相似性较大，由此引起的中国英语学习者言语行为中的语用迁移被称为非区别性语用迁移（Non-distinctive Pragmatic Transfer）。可以看出，区别性语用迁移表现出的迁移程度要大于非区别性语用迁移。也就是说，由两种语言间明显差异引起的区别性语用迁移较容易识别，而由两者相似引起的非区别性语用迁移则由于外在表现不明显，也就不易识别，有待于通过学习者内省的方式获得语用迁移的认知或心理证据(Robinson，1992)。如同其他大多数研究一样，本文也只关注区别性语用迁移。

当然，两种语言之间的差异并不一定引起语用迁移，它们只是为语用迁移的发生提供了可能条件。语用迁移发生的确切证据还要看学习者的言语行为表现更倾向于母语还是目的语，其判断方法是将学习者的言语行为表现与母语之间的差异度与学习者言语行为表现与目的语之间的差异度进行比较。在本研究中，如果汉语本族语者和中国英语学习者在某个语义程式上的使用差异度小于美国英语本族语者与中国英语学习者在该语义程式上的使用差异度,那么中国英语学习者在该语义程式的使用上更倾向于汉语本族语者,表现出的语用迁移程度较大,这种迁移被称为明显语用迁移(Apparent Pragmatic Transfer)。反之,如果汉语本族语者和中国英语学习者在某个语义程式上的使用差异度大于美国英语本族语者与中国英语学习者在该语义程式上的使用差异度,那么中国英语学习者在该语义程式的使用上更倾向于美国英语本族语者,表现出的语用迁移程度较小,这种迁移被称为非明显语用迁移(Unapparent Pragmatic Transfer)。

语言迁移理论认为,由于二语习得者目的语的知识有限,在开始阶段深受母语的影响。随着对目的语习得的深入,他们对母语的依赖也越来越少。因此,理想状态下,中国英语学习者某个语义程式的使用频率应该落在汉语本族语者和英语本族语者的使用频率中间。这就有两种情况:一是汉语在该语义程式上的使用频率低于英语,那么中国英语学习者在这个语义程式上的使用频率一定比汉语高而比英语低;二是汉语在该语义程式上的使用频率高于英语,那么中国英语学习者在这个语义程式上的使用频率一定比母语低而比目的语高。学习者在这个范围内发生的迁移被称作正常的语用迁移(Normal Pragmatic Transfer)。二语习得者使用某一语义程式的频率超越该范围而产生的迁移将被认为是不正常的语用迁移(Abnormal Pragmatic Transfer)。也有两种情况:一种是学习者的母语在该语义程式上的使用频率高于目的语的使用频率,而中国英语学习者被试在这个语义程式上的使用频率甚至比母语还要高;或学习者的母语在该语义程式上的使用频率低于目的语的使用频率,而中国英语学习者被试在这个语义程式上的使用频率甚至比母语还要低。这种现象被称为语用迁移过度(Pragmatic Over-transfer),说明学习者的言语行为几乎完全倾向于母语,汉语语用规则对其影响极深,语用迁移程度最大。另一种是目的语中某个语义程式的使用频率比学习者母语中该程式的使用频率高，而中国英语学习者被试在这个语义程式上的使用频率甚至比目的语还要高；或目的语中某个语义程式的使用频率比学习者母语中该程式的使用频率低，而中国英语学习者被试的话语在这个语义程式上的使用频率甚至比目的语还要低。说明学习者的言语行为非常倾向于目的语，出现了过度概括现象（Overgeneralization），几乎看不到一点汉语语用规则的痕迹，语用迁移似乎消失了。但是，二语习得者很难完全摆脱母语的影响，学习者在不同的发展阶段都会表现出母语语用迁移的特征（杨仙菊，2009），只不过有些阶段表现得并不明显而已，有时甚至完全表现不出来。这种现象本文称之为语用迁移凹陷（Pragmatic Under-transfer），从迁移程度的角度看，它表现出的语用迁移程度最小。

由以上分析可见，语用迁移发生与否本身并没有一个明确的分界点，却具有程度上的不同。从学习者言语行为的表现上来看，区别性语用迁移的程度要大于非区别性语用迁移。在区别性语用迁移的条件下，语用迁移过度的迁移程度是最大的，其次是明显语用迁移与非明显语用迁移，语用迁移凹陷的迁移程度最小。其实明显语用迁移与非明显语用迁移属于正常的语用迁移，语用迁移过度与语用迁移凹陷属于不正常的语用迁移。明显语用迁移超越了正常语用迁移的界限就演变成了语用迁移过度，而非明显语用迁移超越了正常语用迁移的界限就演变成了语用迁移凹陷。

（7）二语学习者拒绝言语行为中语用迁移与二语水平关系的判断标准

在出现区别性语用迁移的条件下，如果中国组被试在某个拒绝诱发因素下对某个语义程式的使用表现出了比美国组被试更高的使用频率，而大一组被试也比大三组被试在该语义程式的使用上表现出了更高的使用频率；或者如果中国组被试在某个拒绝诱发因素下对某个语义程式的使用表现出了比美国组被试更低的使用频率，而大一组被试也比大三组被试在该语义程式的使用上表现出了更低的使用频率，那么二语学习者的语言水平与语用迁移的关系被认为是负相关，即随着学习者语言水平的提高，语用迁移的程度变小。

在出现区别性语用迁移的条件下，如果中国组被试在某个拒绝诱发因素下对某个语义程式的使用表现出了比美国组被试更高的使用频率，而大一组被试比大三组被试在该语义程式的使用上表现出了更低的使用频率；或者如果中国组被试在某个拒绝诱发因素下对某个语义程式的使用表现出了比美国组被试更低的使用频率，而大一组被试比大三组被试在该语义程式的使用上表现出了更高的使用频率，那么二语学习者的语言水平与语用迁移的关系被认为是正相关，即随着学习者语言水平的提高，语用迁移的程度变大。

4.4.2 结果与讨论

本研究共考察了请求、邀请、建议、提供这4种类型的拒绝言语行为诱发因素。限于篇幅，结果部分仅以请求为例来说明各语义程式的使用频率和排列顺序中表现出的语用迁移及其与二语水平关系的具体分析过程，其他三种诱发因素的分析方法与此相同，不再一一阐述，只展示最终数据。讨论部分则综合考虑四种诱发因素中表现出的语用迁移类型及语用迁移与二语水平关系的正负相关关系的数量。

（1）语用迁移及其与二语水平的关系数据分析过程：以请求为例

表4.1为拒绝请求时各语义程式的使用频率中表现出的语用迁移的类型以及语用迁移与二语水平关系的情况。可以看出，中国组被试和美国组被试在拒绝请求时所使用的所有语义程式中，$a \sim k$ 表现出区别性差异，而 $i \sim s$ 表现出非区别性差异。从语用迁移的类型来看，在 $a \sim k$ 这11项语义程式的使用上，大一、大三学习者都表现出了区别性语用迁移。其中，大一组被试在使用回避、表示疑问、坚持自己的原则以及提供另一选择，大三组被试在使用

二语语用能力理论与测试研究

回避、表示疑问、坚持自己的原则、直接拒绝、提供另一选择以及表达肯定态度或积极观点上，都表现出了明显语用迁移；大一组被试在使用表达同情或理解、踌躇标记以及直接拒绝，大三组被试在使用表达同情或理解和踌躇标记上表现出了非明显语用迁移。这两者属于正常语用迁移。大一组被试在使用呼语、表达肯定态度或积极观点以及接受的言语表拒绝含义，大三组被试在使用呼语和接受的言语表拒绝含义上，表现出了语用迁移凹陷；而大一和大三组被试在使用表达感谢这一语义程式上都表现出了语用迁移过度。这两者属于非正常语用迁移。

表4.1 请求诱发因素中拒绝语义程式的使用频率中表现出的语用迁移及其与二语水平的关系

语义程式	使用频率(每组使用某个语义程式的百分比)			
	NC $(N=136)$	CE1 $(N=347)$	CE3 $(N=314)$	NE $(N=97)$
a. 回避▲$(d=100)$ [n]	8	6.6^{**}	6.4^{**}	0
b. 表示疑问▲$(d=100)$	3	2^{**}	2^{**}	0
c. 坚持自己的原则(观点)▲$(d=100)$ [p]	2	1^{**}	1.6^{**}	0
d. 表达同情或理解▲$(d=100)$ [p]	0	1^*	0.8^*	2
e. 踌躇标记▲$(d=76)$ [n]	1.5	3.2^*	3.8^*	6.2
f. 直接拒绝▲$(d=73)$ [p]	3	7.8^*	5^{**}	11.3
g. 呼语▲$(d=73)$ [p]	3.7	$0^{\#}$	$1^{\#}$	1
h. 表达感谢▲$(d=73)$	0.7	$0.3^{\#\#}$	$0.3^{\#\#}$	2.6
i. 提供另一选择▲$(d=72)$ [p]	11	6^{**}	7^{**}	3
j. 表达肯定态度或积极观点▲$(d=62)$ [p]	3.7	$12^{\#}$	4^{**}	9.8
k. 接受的言语表拒绝含义▲$(d=43)$ [p]	7	$1^{\#}$	$2^{\#}$	4

第4章 语用迁移与语用能力发展

（续表）

语义程式	NC ($N=136$)	CE1 ($N=347$)	CE3 ($N=314$)	NE ($N=97$)
l. 究既往之过或批评对方△($d=23$)	1.6	2.5	2.5	2.1
m. 表达遗憾或歉意△($d=17$)	16.5	23	26.4	20
n. 陈述原因、借口或理由△($d=5$)	36	33	36.2	38
o. 陈述消极后果△($d=0$)	0	0.6	0	0
p. 善意警告△($d=0$)	0	0	0	0
q. 安慰对方△($d=0$)	0	0	0	0
r. 陈述哲理△($d=0$)	0	0	0	0
s. 为自己辩护△($d=0$)	0	0	0	0

注：▲ 表示区别性语用迁移产生的条件；△表示非区别性语用迁移产生的条件；*表示非明显语用迁移；**表示明显语用迁移；# 表示迁移凹陷；##表示迁移过度；N表示每组在拒绝请求时所使用的语义程式的总次数；d表示中美两组在使用某个语义程式上的差异度；p表示语言水平与语用迁移的关系为正相关；n表示语言水平与语用迁移的关系为负相关；NC为汉语本族语者被试；NE为英语本族语者被试；CE1为大一中国英语学习者；CE3为大三中国英语学习者。

从两组学习者表现出的二语水平与语用迁移关系的角度来看，在这11种导致区别性语用迁移的语义程式中，两组学习者在坚持自己的原则、表达同情或理解、直接拒绝、呼语、提供另一选择、表达肯定态度或积极观点以及接受的言语表拒绝含义等7种程式的使用上表现出语言水平与语用迁移间的正相关关系，而在回避和踌躇标记的使用上表现出了两者间的负相关关系。虽然由于大一、大三组被试分别在使用表示疑问和表达感谢两种程式上的频率一样，无法断定语用迁移与二语水平的关系，仍然能表明大三组被试在拒绝请求的言语行为中表现出的语用迁移程度高于大一组被试，语用迁移与二语水平的关系总体表现为正相关关系。

以软化策略和直接拒绝程式为例。在拒绝他人请求时，中国组被试往往会使用一些用以软化拒绝直接程度的语义程式，如转换话题或推迟请求等回避策略（其使用频率为8%），也会通过诸如"真的有用吗？"等疑问句（其使用频率为3%）来暗示他们不愿意接受请求。而这些语义程式在美国组被试对请求的拒绝话语中并没有出现，表明中美两组在使用回避和表示疑问这两个语义程式上表现出了绝对的区别性差异，其差异度为100%。而中国英语学习者组，无论一年级还是三年级的被试，在拒绝请求的话语中也都使用了这些语义程式，其拒绝言语行为完全倾向于中国组被试，因此表现出了区别性语用迁移。依据本文设定的语用迁移与二语水平关系的判断标准，中国组被试在请求诱发因素下对回避语义程式的使用表现出了比美国组被试更高的使用频率，而大一组被试也比大三组被试在该语义程式的使用上表现出了更高的使用频率，那么中国英语学习者组被试在拒绝请求时回避语义程式中表现出的语用迁移与语言水平的关系为负相关关系，即高语言水平的学习者表现出的语用迁移程度小于低语言水平的学习者。

中国组被试使用直接拒绝程式的频率为3%，而美国组被试使用直接拒绝程式的频率为11.3%，两者之间的差异度为73%，远大于下四分位25%，表现出了两组间区别性的差异，为中国英语学习者的语用迁移发生提供了前提条件。而大一组被试使用该程式的频率为7.8%，大三组被试使用该程式的频率为5%，两组被试使用该程式的频率均比中国组被试高，但比美国组被试低，表现出了正常的区别性语用迁移。在使用直接拒绝程式上，中国组被试与大一组被试之间的差异度为62%，大于美国组被试与大一组被试的差异度31%，表现出了非明显语用迁移；而中国组被试与大三组被试之间的差异度为40%，小于美国组被试与大三组被试的差异度56%，表现出了明显语用迁移。在语用迁移与二语水平关系方面，中国组被试在请求拒绝诱发因素下对直接拒绝语义程式的使用表现出了比美国组被试更低的使用频率，而大一组被试比大三组被试在该语义程式的使用上表现出了更高的使用频率，那么中国英语学习者组被试在拒绝请求时直接拒绝语义程式中表现出的语用迁移与语言水平的关系为正相关关系，即高语言水平的学习者表现出的语用迁移程度高于低语言水平的学习者。对其他语义程式的分析方法与此类似，不再一一赘述。

表4.2为语义程式的排列顺序中表现出的语用迁移的类型以及语用迁移与二语水平关系的情况。从语用迁移类型的角度来看，中国组被试和美国组被试有14种情况存在区别性差异，大一、大三两组学习者共发生了28例区别性语用迁移，其中24例为正常的语用迁移，包括14例明显语用迁移，分别为大一组被试在拒绝话语开始使用回避和踌躇标记策略，在中间位置使用呼语策略，在最后位置使用直接拒绝，陈述原因、借口或理由以及提供另一选择策略；大三组被试在拒绝话语开始使用回避和呼语策略，在中间位置使用陈述原因、借口或理由以及呼语策略，在最后位置使用直接拒绝，表达遗憾或歉意，陈述原因、借口或理由以及提供另一选择策略。10例非明显语用迁移，分别为大一组被试在拒绝话语开始使用呼语策略，在中间位置使用直接拒绝，陈述原因、借口或理由以及提供另一选择策略，在最后位置使用表达遗憾或歉意策略；大三组被试在拒绝话语开始使用陈述原因、借口或理由，表达肯定态度或积极观点以及踌躇标记策略，在中间位置使用直接拒绝和提供另一选择策略。4例为非正常的语用迁移，其中迁移凹陷2例，分别为大一组被试在开始位置使用陈述原因、借口或理由以及表达肯定态度和积极观点两种程式；迁移过度2例，分别为大一和大三组被试在拒绝话语开始使用表达遗憾或歉意程式。

二语语用能力理论与测试研究

表 4.2 请求诱发因素中拒绝语义程式的排列顺序中表现出的语用迁移及其与二语水平的关系

语义程式的排列顺序	NC $(N=78)$	CE1 $(N=180)$	CE3 $(N=180)$	NE $(N=48)$
m. 表达遗憾或歉意▲$(d=40)$ [n]	24	$20^{##}$	$22^{##}$	40
n. 陈述原因、借口或理由▲$(d=43)$[p]	30	$8^{\#}$	17^{*}	17
1 j. 表达肯定态度或积极观点▲ $(d=67)$[p]	5	$22^{\#}$	12^{*}	15
a. 回避▲$(d=100)$	8	6^{**}	6^{**}	0
e. 踌躇标记▲$(d=77)$[n]	3	6^{**}	7^{*}	13
g. 呼语▲$(d=100)$[p]	5	0^{*}	2^{**}	0
f. 直接拒绝▲$(d=100)$[p]	0	8^{*}	$7*$	8
2 n. 陈述原因、借口或理由▲$(d=46)$[p]	30	55^{*}	40^{**}	56
i. 提供另一选择▲$(d=85)$	13	2^{*}	2^{*}	2
g. 呼语▲$(d=100)$[p]	4	5^{**}	5^{**}	0
f. 直接拒绝▲$(d=88)$[p]	1	2^{**}	1^{**}	8
m. 表达遗憾或歉意▲$(d=100)$ [p]	5	0^{*}	2^{**}	0
3 n. 陈述原因、借口或理由▲$(d=50)$[n]	5	5^{**}	6^{**}	10
i. 提供另一选择▲$(d=100)$	4	3^{**}	3^{**}	0

注:① 1表示拒绝话语的开始位置,2表示拒绝话语的中间位置,3表示拒绝话语的最后位置。每个位置的语义程式并不是固定的,它取决于不同的语言,或同一语言中不同的使用者,如本表1的位置,可以是回避、呼语等中的任何一个,它们之间不排顺序。② 本表只包括表现出区别性语用迁移的语义程式。③ 其他符号请参照表4.1的注释。

第4章 语用迁移与语用能力发展

从两组学习者表现出的语用迁移与二语水平关系的角度来看,他们在拒绝话语开始使用陈述原因、借口或理由,表达肯定态度或积极观点以及呼语三种语义程式,在中间位置使用直接拒绝、陈述原因、借口或理由以及呼语三种语义程式,在最后位置使用直接拒绝、表达遗憾或歉意语义程式上,都表现出了语用迁移与语言水平间的正相关关系。学习者在拒绝话语开始使用回避策略,在中间位置使用提供另一选择,在最后位置使用提供另一选择策略上,由于大一大三组被试使用的频率一样,无法断定两者之间的关系,只有学习者在开始的位置表达遗憾或歉意和使用踌躇标记以及在最后位置陈述原因、借口或理由上表现出了语用迁移与二语水平间的负相关关系。可见,在拒绝请求的各语义程式的排列顺序中,大三组被试的话语中表现出的语用迁移程度大于大一组被试。语言水平与语用迁移的关系整体表现为正相关关系。

举例来说。在拒绝请求时,美国组被试在拒绝话语序列一开始表达肯定态度或积极观点的频率为15%,高于中国组被试的5%,其差异度为67%,远大于25%,为中国英语学习者被试的区别性语用迁移提供了前提条件。大三组被试以肯定态度或积极观点开始拒绝话语的频率为12%,也高于中国组被试,但是略低于美国组被试,又为正常的区别性语用迁移的发生提供了条件。中国组被试和大三组被试间的差异度是58%,高于美国组被试和大三组被试间的20%,说明大三组被试表现出了非明显语用迁移。但是,大一组被试使用该程式的频率为22%,甚至高于美国组被试,出现了语用迁移凹陷现象。在语用迁移与二语水平关系方面,大一组被试表现出了语用迁移凹陷,而大三组被试表现出了非明显语用迁移。因此,大三组被试的语用迁移的程度大于大一组被试,表明语用迁移与语言水平的关系为正相关关系。美国组被试在序列最后给出借口的频率为10%,分别高于中国组被试(5%)、大一组被试(5%)和大三组被试(6%)。中美两组被试在该程式使用上的差异度为50%,也大于25%。中国组被试和大一组被试间的差异度是0，远低于美国组被试和大一组被试间的50%，说明大一组被试表现出了非明显语用迁移。中国组被试和大三组被试间的差异度是17%，低于美国组被试和大三组被试间的40%，说明大三组被试也表现出了非明显语用迁移。在语用迁移与二语水平关系方面，中国组被试在请求诱发因素拒绝话语序列最后给出借口的频率低于美国组被试，大一组被试也比大三组被试在该语义程式的使用上表现出了更低的使用频率，因此，中国英语学习者组被试此时表现出的语用迁移与语言水平的关系为负相关关系，即高语言水平的学习者表现出的语用迁移程度小于低语言水平的学习者。

（2）语用迁移及其与二语水平关系的总体调查结果

表4.3和表4.4为四种诱发因素中表现出的各语用迁移类别的数量。可以看出，无论是在语义程式使用频率中还是在语义程式排列顺序中，正常语用迁移的比例在请求、要求、建议和提供四个诱发因素中都明显地大于非正常语用迁移的比例，明显语用迁移的比例也都明显地大于非明显语用迁移的比例。这说明学习者正处在母语与目的语中间的中介语语用学习阶段，并且母语对学习者的影响还很大。语用迁移过度和语用迁移凹陷发生的总数量相对来说都不是很多。语用迁移过度较多地发生在语义程式的排列顺序中，而语用迁移凹陷更多地发生在语义程式的使用频率中。不管是正常语用迁移中的明显语用迁移还是非正常语用迁移中的语用迁移过度，都说明中国英语学习者在用目的语实施拒绝言语行为时受到了母语语用知识的严重影响，表现出的语用迁移程度较大。语用迁移凹陷表明学习者将目的语的语用知识过度概括了，非明显语用迁移说明学习者的二语言语行为正在接近目的语本族语者，其语用能力也在不断提高。两者表现出的语用迁移程度都较小。

第4章 语用迁移与语用能力发展

表4.3 语义程式使用频率中语用迁移的不同类型

语用迁移的类型	某个诱发因素中各类语用迁移的数量			
	请求	邀请	建议	提供
明显语用迁移	10	8	11	9
非明显语用迁移	5	5	4	2
正常语用迁移的比例	68	76	58	42
语用迁移过度	2	3	5	6
语用迁移凹陷	5	1	6	9
异常语用迁移的比例	32	24	42	58
语用迁移的总数	22	17	26	26

表4.4 语义程式排列顺序中语用迁移的不同类型

语用迁移的类型	某个诱发因素中各类语用迁移的数量			
	请求	邀请	建议	提供
明显语用迁移	14	17	21	12
非明显语用迁移	10	8	3	6
正常语用迁移的比例	86	74	75	60
语用迁移过度	2	4	6	10
语用迁移凹陷	2	5	2	2
异常语用迁移的比例	14	26	25	40
语用迁移的总数	28	34	32	10

表4.5为四种诱发因素中语用迁移与二语水平正负相关关系的数量。可以看出，在请求、邀请、建议和提供四个诱发因素中表现出的语用迁移与二语水平之间正相关关系的数量(56例)远远多于负相关关系的数量(39例)。也就是说，二语水平与语用迁移的关系总体表现为正相关关系，即随着学习者二语语言水平的提高，语用迁移程度也随之增大，他们言语行为中表现出更多的母语语用规则的印记。

表4.5 正相关关系与负相关关系在不同的诱发因素中的数量对比

	请求		邀请		建议		提供	
	频率	顺序	频率	顺序	频率	顺序	频率	顺序
正相关关系	7	7	5	6	6	9	7	9
负相关关系	2	3	3	8	6	6	6	5

(3) 讨论

① 拒绝诱发因素对语用迁移类别的影响

拒绝诱发因素对语用迁移有着极大的影响。表4.3表明在语义程式使用频率中，对邀请的拒绝中发生的区别性语用迁移明显少于其他三类诱发因素。并且，从四个诱发因素中发生的明显语用迁移和语用迁移过度数量之和(分别为12，11，16和15)来看，邀请诱发因素中发生的明显语用迁移和语用迁移过度个数之和最小，在请求诱发因素中明显语用迁移和语用迁移过度个数之和只比邀请中的多一个。结合区别性语用迁移发生的总数，在拒绝语义程式使用频率中，中国英语学习者在对邀请和请求的拒绝言语中表现的语用迁移程度较小，其言语行为的表现正在接近目的语本族语者。而在对建议和提供的拒绝言语行为中，无论是区别性语用迁移发生的总数还是明显语用迁移和语用迁移过度发生的总数都是最多的，这说明中国英语学习者在这两个诱发因素中表现出的语用迁移程度较大，在用目的语实施对建议和提供的拒绝中表现出较明显的汉语语言文化知识的特征。

表4.4表明在语义程式的排列顺序中，对邀请的拒绝中发生的区别性语用迁移明显多于其他三类诱发因素，而在对提供的拒绝中发生的区别性语用迁移明显少于其他三类诱发因素。并且，从四个诱发因素中发生的明显语用迁移和语用迁移过度数量之和(分别为16，21，27和22)来看，请求诱发因素中发生的明显语用迁移和语用迁移过度个数之和最小，而建议诱发因素中明显语用迁移和语用迁移过度个数之和最大。结合区别性语用迁移发生的总数，在拒绝语义程式排列顺序中，中国英语学习者在对请求和提

供的拒绝言语中表现的语用迁移程度较小，其言语行为的表现正在接近目的语本族语者。而在对建议和邀请的拒绝言语行为中，明显语用迁移和语用迁移过度发生的总数都是最多的，这说明中国英语学习者在这两个诱发因素中表现出较大程度的语用迁移，在用目的语实施对建议和提供的拒绝中受汉语语用知识的影响较大。

对比拒绝语义程式使用频率和排列顺序中发生的语用迁移情况，可以发现，无论是从区别性语用迁移发生的总数还是从明显语用迁移和过度语用迁移发生的总数来看，在对建议诱发因素的拒绝言语行为中表现出的迁移程度最大。这说明中国英语学习者对如何用英语拒绝他人建议掌握得还不够好。我们还发现了一个有趣的现象：在语义程式使用频率中对邀请拒绝言语行为中出现的明显语用迁移与过度语用迁移的总数以及区别性语用迁移数量在四个诱发因素中是最少的，而在语义程式排列顺序中，邀请诱发因素中表现出的区别性语用迁移最多，明显语用迁移与过度语用迁移的总数也相当多。这说明，虽然学习者知道在拒绝他人邀请时用哪些语言形式进行拒绝，但具体的排列顺序仍不是十分清楚。另外，在语义程式使用频率中对提供拒绝言语行为中出现的明显语用迁移与过度语用迁移的总数以及区别性语用迁移数量在四个诱发因素中是最多的，而在语义程式排列顺序中，提供诱发因素中表现出的区别性语用迁移最少，明显语用迁移与过度语用迁移的总数相对来说也比较少。这并不能说明在拒绝他人提供时学习者知道如何排列所使用的语义程式，因为这些语义程式的内容本身就具有明显的汉语特征。而排列顺序中出现的较少的语用迁移，只能说明他们使用的语义程式的类别不是很多。

在语用迁移与二语水平关系方面，除了对邀请的拒绝外，对请求、建议以及提供的拒绝情景中所表现出的正相关关系均多于负相关关系，即使是在对邀请的拒绝中，在其语义程式使用频率中，仍然是正相关关系多于负相关关系。尤其是在对请求的拒绝中，正相关关系占了14例，而负相关关系只有5例。在拒绝他人的请求时，中国英语学习者受到汉语的影响似乎比较大，其言语行为中表现出的母语文化特征比较明显。这是因为请求本身就是有可能威胁他人面子的一种言语行为。在拒绝请求时，被请求者总是会为了保护对方的面子而使用一些间接策略，而汉语中的间接策略则最为丰富。因此，在拒绝对方请求时，学习者首先想到的就是汉语里面常用的间接表达方式，低水平学习者即使能想到，也不一定能用合适的英语表达出来。语言水平较高的学习者则能够用目的语较为流利地表达出母语的语用知识或策略，也因此表现出了更多的语用迁移。

在对邀请的拒绝中，正相关关系和负相关关系在使用频率和排列顺序上表现出的总数是一样的，无法断定哪个更占优势。与其他诱发因素相比，对邀请的拒绝话语似乎受到汉语的影响较小。这也许同邀请言语行为本身是有关系的。其中一个原因是在对邀请的拒绝中使用的拒绝策略的数量本来就比较少，并且中美被试在这些语义程式的使用频率上又大致相同，因此，英汉两种方式在两种语言里都被认为是合适的拒绝方式，我们也就无法判断中国英语学习者在用英语拒绝他人邀请时是使用的英语本族语方式还是受到了汉语思维方式的影响。另一个原因是中国学者已经对英语中的邀请言语行为做了相当透彻的研究，高水平的学习者可能接触过这方面的研究，知道如何用英语恰当地拒绝对方的邀请，语用迁移也随之减少。

② 对二语水平与语用迁移关系的解释

研究结果表明，无论是在语义程式的使用频率还是排列顺序上，拒绝言语行为中表现出的语用迁移与二语水平的正相关关系大于两者间的负相关关系。也就是说，处于较高英语语言水平的大三年级的被试的拒绝言语行为中表现出的母语/汉语的语言文化特征多于处于较低英语语言水平的大一年级被试。这似乎不符合语言学习的总规律，很值得关注。本文试做如下解释。

在学习的初级阶段，由于着重学习词汇语法知识，学习者对目的语的语用知识知之甚少，因而在交际时不得不依赖母语的语用知识，语用迁移过度自然而然就发生了。此时学习者的英语语用能力也因此处于最低级的阶段。而在他们学习了目的语的某些语用程式后，他们的有些话语还是得体的，但大部分仍然依赖母语，这时表现为明显语用迁移。语用能力虽然仍较低，但有提高的趋势。又因为这些语义程式的可选择性较少，而他们也知道应该使用目的语的程式来进行交际，所以他们无论何时何地都使用那些刚刚学到的语义程式，由此导致了语用迁移凹陷。母语的语用迁移程度最小，表现出的目的语的语用知识最多并不意味着学习者的英语语用能力是最高的，因为有限的语义程式并不适合于所有的交际场合，由于目的语语用知识的不恰当使用而导致的语用失误还是频有发生。后来，随着积累的目的语语用知识越来越多，他们意识到在某些情景中不使用这个语义程式而用其他的也是可以的，此时的语用迁移也已经变成了非明显迁移，而他们的目的语的语用水平已经接近或几乎达到目的语本族语者。但是还有另一个极端，当他们的目的语语言能力达到极高的水平时，他们开始有意识地用目的语来表达自己母语中的一些语言规则和语用策略，这时语用迁移过度再次出现，表现出比低语言水平学习者（或他们处于低语言水平时期时）更多的语用迁移。如果单纯地考虑英语的语用能力，高语言水平的学习者似乎在这方面并没有多大的提高。但是，这时的学习者的行为已经是有意识的了，他们可以非常明确地判断出哪些是标准的英语表达法，哪些是汉语的表达法。我们不能因此断定语言水平与语用迁移的正相关关系就表明中国英语学习者的语用能力不强。较高英语语言水平的学习者已经习得了足够的语言知识和语用知识，他们完全有可能用目的语的方式对他人实施合适得体的拒绝。但是，也正是因为他们较强的语言应用能力，使得他们可以将非常复杂的汉语拒绝方式迁移到目的语中去。此时的语用迁移已经不再是一个具有影响学习者语用能力发展的消极因素，而成了他们语言习得的一种认知策略。

4.5 结语

本章先介绍了语用迁移的定义与类型，然后讨论了语用迁移的影响因素，最后借助一项实证研究，考察语用迁移与二语水平以及语用能力发展的关系。从表现形式上，语用迁移可分为语用语言迁移与社交语用迁移；从作用或方向性上，可分为语用正迁移与语用负迁移。语用迁移常见的影响因素包括母语与目的语语言结构差异、社会语用模式的差异、学习者的二语语言水平、语言学习环境及在目的语社区居留时间以及课堂教学等。

实证研究调查了高语言水平的中国英语学习者和低语言水平的中国英语学习者的拒绝言语行为中表现出的语用迁移。发现语用迁移表现出了程度上的不同，且受到其诱发因素的影响。研究表明语用迁移与二语水平的关系基本呈正相关关系，即语用迁移的程度随着学习者语言水平的提高而增大。但迁移程度的变大并不意味着学习者语用能力没有得到发展。相反地，高语言水平的学习者已经将语用迁移看成一种学习策略和交际策略。合理利用语用迁移，消除迁移的负面影响，不仅不会阻碍二语语用能力的发展，还会对其起积极的促进作用。

第5章 语用能力发展的相关因素

语用能力发展受语用知识输入、语言水平、语法能力、在目的语国家居住时间、性格、认知风格、性别、年龄等诸多因素影响。因语用能力是语际语用学的核心议题，但语际语用学属语用学与二语习得的交叉学科，兴起时间较晚，相关研究也不太充分，所以关于语言水平、语法能力、性格、认知风格等因素对语用能力发展影响的研究也亟待进一步展开。有鉴于此，本章将基于已有研究，勾勒上述因素对语用能力发展的影响。

5.1 语言水平与语用能力发展

语言水平指语言使用者"使用语言的熟练程度，如一个人读、写、说和理解语言的能力的高低"(Richards, Platt & Platt, 2002, p. 254)。语言水平是一个宏观概念，不与特定课程相联系，而指衡量学习者掌握语言的总体水平。语用能力一直被视作语言水平的重要指标(Bachman, 1990)，语用能力与语言水平之间的关系一直是语际语用学讨论的热点话题(Xu, Case & Wang, 2009)。

部分研究认为，二语学习者语言水平越高，其语用能力就越高，语言水平与语用能力显著正相关(Bardovi-Harlig & Dörnyei, 1998; Niezgoda & Röver, 2001; Yamanaka, 2003; Garcia, 2004; Roever, 2006; Taguchi, 2007a, 2007b, 2011; Xu, Case & Wang, 2009; 刘建达、黄玮莹, 2012)。其中，加西亚(2004)、罗弗(2005)等发现，高水平二语和外语学习者在语用理解(如会话含意)方面显著高于低水平学习者。也有研究发现，语用能力与语言水平显著相关(如 Xu, Case & Wang, 2009)。因此,总的来说,这部分学者认为语用能力会随着语言水平的提升而增强(Baron & Celaya, 2010)。

另外一部分学者则认为语用能力的发展与语言水平关系不大,学习者的语言水平高并不一定意味着其语用能力就会随之增强,二语水平对语用能力不具备预测作用(Hoffman-Hicks, 1992; Bardovi-Harlig, 1999; Christiansen, 2003; Matsumura, 2003; Takahashi, 2005a)。其中,霍夫曼-希克斯(Hoffman-Hicks)(1992)、巴多威-哈雷格(1999)发现,尽管外语语言能力对于语用能力发展是必要的,但两者并不成正比,外语能力的提高并不能保证语用能力的发展。克里斯琴森(Christiansen)(2003)通过问卷和角色扮演的方法,以道歉、拒绝等言语行为为切入点,发现语用能力与语言水平之间的相关性很低。因此,这部分学者认为尽管语言能力对语用能力发展具有一定的促进作用,但影响不大,语用能力与语言能力之间并不显著相关。

为进一步验证语言水平与语言能力之间的关系,李民、陈新仁(2007)通过问卷调查的方式,考察语言水平与语用能力水平之间的关系,具体结果见表5.1。

表 5.1 语言水平对语用能力的影响

	语言水平	平均值	标准差	t	p
语用能力	低水平组	0.8024	0.18193	2.074	.155
	高水平组	0.8527	0.12754		

表5.1显示,就中国大学生而言,尽管其英语语用能力会随着语言水平的提升而小幅增强,但增长并未达显著水平。也就是说,中国英语学习者的语用能力并未随着其语言水平的提升而增强。这与松村昭一(Shoichi Matsumura)(2003)、邹颖祺、陈国华(2006)等的研究发现一致:尽管高水平外语学习者的语用能力高于低水平学习者,但语言水平与语用能力之间无显著相关性,语言水平的发展并不一定能带来语用能力的提升。由此可以看出,语

用能力与语言水平是两个不同的构念（Niezgoda & Röver，2001），在培养学生语言能力发展的同时，不能忽视语用知识的传输和语用能力的培养，只有这样才能更加全面地提升二语学习者的交际能力水平。

5.2 语法能力与语用能力发展

语用能力和语法能力是交际能力的有机组成部分。卡纳尔、斯温（1980）最早探讨了语用能力与语法能力之间的关系。他们认为交际能力包括语法能力、社会语言能力（含语用能力）、策略能力等。之后，巴克曼（1990）明确提出语用能力和语法能力同为语言能力不可或缺的组成部分（详见本书第2.3.2节）。可见，要培养学生的交际能力，离不开对其语用能力和语法能力的培养。

尽管学界对语用能力和语法能力的重要性认识一致，但对两者的发展顺序问题却存在两种互相矛盾的观点：一种是语用优先论，认为二语学习者在习得第二语言时已经有了相对完备的母语语用能力，基本掌握了母语的语用规则，在第二语言习得过程中难免会受到母语语用能力的影响，出现迁移（Schmidt，1983；Bardovi-Harlig，2001），因此会出现二语语用能力高于其语法能力的情况；另一种认为语法能力的发展先于语用能力，掌握相关的词汇、语法等知识是发展语用能力的必备条件（Olshtain & Cohen，1989；Eisenstein & Bodman，1993；Ellis，2008），二语学习者的语法能力高于其语用能力。两种观点互不相容、各有拥趸，尚需相关实证研究进一步验证（Kasper & Rose，2002；Youn，2014）。目前此类议题中涉及的二语学习者主要是英美等国家的非英语本族语者（如在美国的母语为西班牙语的英语学习者）或者在欧洲的英语学习者（如母语为匈牙利语的英语学习者），对其他国家或地区英语学习者的考察相对不足。因此，肖雁、李民（2019）聚焦中国英语学习者，通过问卷调查的方式，考察语法能力与语用能力之间的关系问题，研究结果见表5.2。

表5.2 我国英语学习者语用、语法能力发展水平

		平均值	标准差	t	p
低水平组	语法能力	0.471 2	0.268 19	-8.377	0.000^{***}
	语用能力	0.826 9	0.123 73		
高水平组	语法能力	0.605 0	0.266 83	-5.059	0.000^{***}
	语用能力	0.875 0	0.135 02		
整体	语法能力	0.523 4	0.273 57	-9.653	0.000^{***}
	语用能力	0.845 7	0.129 37		

$^{***} < 0.001$

从表5.2可以看出，不论是高水平组还是低水平组中国英语学习者，其语用能力均显著高于其语法能力（0.826 9＞0.471 2，t＝-8.377，p＝0.000；0.875 0＞0.605 0，t＝-5.059，p＝0.000）。这一发现与尼兹戈达（Niezgoda），鲁弗（Röver）（2001），李民、陈新仁（2007）的结论一致：三项研究均发现外语学习者的语用能力高于其语法能力。因此，现有研究更倾向于支持语用优先论这一假设：成人在习得第二语言或外语时，因为已经具备了相对完善的母语语用能力，较好地掌握了基本的母语语用规则，在第二语言或者外语学习过程中会将母语的语用能力迁移到二语或者外语习得过程中；因为社交文化规范具有一定的普世色彩（如在各语言中打断别人谈话均被视为不礼貌行为）（Ochs，1996；Leech，2005），所以有相当比例的语用迁移为正迁移，从而出现语用能力发展先于其语法能力发展的情况（Schmidt，1983；Kasper & Rose，2002）。

需指出的是，肖雁、李民（2019）以及尼兹戈达、鲁弗（2001）的研究与巴多威-哈雷格、多尼（Dörnyei）（1998），肖尔（2006），伊斯拉米（Eslami）、伊斯拉米-雷克什（Eslami-Rakesh）（2008）的发现正好相反：后三项研究发现，外语学习者的语法能力显著高于其语用能力。我们认为，造成差异的主要原因在于，肖雁、李民（2019）以及尼兹戈达、鲁弗（2001）的受试均为高级阶段英语学习者（均为大学生），都经过了长时间的英语学习，也通过了比较严苛的选拔性考试；而巴多威-哈雷格、多尼（1998）和肖尔（2006）研究中的外语学习者均属于中学生或成人学生，学习英语时间短，英语基础也相对较弱，这可能是产生差异的主要原因。

5.3 性格类型与语用能力发展

语用习得研究是语用学与二语习得两个学科相结合的产物，该领域对于拓展语用研究视野、深化人们对二语习得的认识具有举足轻重的作用。在传统教学中，人们往往关注外语词汇、语法等方面的知识习得，但对外语学习者通过语言知识来得体地以言行事的能力的关注相对不足。国外这方面的研究起始于20世纪60年代，目前发展已比较成熟。国内的语用习得研究不仅起步较晚，而且多集中于探讨语用能力的重要性、语用失误的成因及其解决措施、语用能力发展水平以及特定言语行为的习得等方面，还有部分研究探讨了话语标记语的习得情况（如陈新仁、吴珏，2006；陈新仁、任育新，2007；李民、陈新仁，2007a）。此外，虽然王雪梅（2006）探讨了不同性别外语学习者语用能力间的差异，李民、陈新仁、肖雁（2009）通过问卷调查的方式，考察了性格对语用能力发展的影响（表5.3），但目前此类探讨学习者个体差异与语用习得之间关系的研究在国内仍比较少见。

表 5.3 不同性格类型之间语用能力、语用意识程度对比

		N	M	SD	Minimum	Maximum	F	p
语用能力	比较内向	14	.7411	.22179	.25	1.00		
	稍稍内向	10	.8000	.14672	.63	1.00		
	稍稍外向	28	.8571	.12131	.63	1.00	2.643	.058
	比较外向	7	.9107	.09449	.75	1.00		
	总分	59	.8263	.15916	.25	1.00		

埃利斯(Ellis)(1994:521)指出,外向型性格的学习者更容易习得人际交往的技巧;而这些技巧恰恰是社会语用能力赖以发展的基础。由此可以推出,外向型性格学习者的社交语用能力应高于内向型学习者,李民、陈新仁、肖雁(2009)的实验结果也证实了这一推论。通过表 5.3,我们可以发现语用能力水平随着性格类型的外向程度而递增。也就是说,性格越外向,其语用能力也就越高。通过单因素方差分析,我们发现不同性格类型学习者的语用能力之间的差异已非常接近显著水平($F = 2.643$, $p = .058$)。

如果我们将性格类型进一步归结为内向型与外向型两大类,即将比较内向型与稍稍内向型归为内向型,将稍稍外向型和比较外向型归为外向型,不同性格类型学习者间的语用能力差异则达到了显著水平(见表 5.4)。也就是说,外向型性格学习者的语用能力要显著高于内向型学习者($p = .015 < .05$)。

表 5.4 性格类型归类后与语用能力之间的关系

	性格类型	N	M	SD	F	p
语用	内向型	24	.7656	.19264		
能力	外向型	35	.8679	.11719	6.329	$.015^*$

$^* < .05$

不同性格类型学习者的语用能力差异已达到显著水平，那么我们能否通过性格类型来预测语用能力水平呢？表5.5通过双相关分析，得出性格类型与语用能力之间具有显著的相关性（$p = .006 < .01$）。也就是说，性格类型能较好地预测其语用能力水平。结合表5.3与表5.4的数据可以得出，性格越外向，其语用能力水平越高；性格越内向，其语用能力水平越低。

表 5.5 性格类型与语用能力相关性分析

性格类型	语用能力
r	.355
P	$.006^{**}$
N	59

$^{**} < .01$

综上，现有研究显示，性格类型对语用能力水平具有显著影响：学习者性格越外向，其语用能力水平越高；学习者性格越内向，其语用能力水平就越低。性格可以作为语用能力水平的一个重要预测指标。

5.4 认知风格与语用能力发展

除性格外，认知风格也是影响语用能力发展的重要因素。刘军、黄世霞（2013）指出，在认知风格研究中，对场独立/场依存型认知风格的研究最早，也最成熟。场独立和场依存型认知风格，是一种基于人的认知特点的分类。场独立型认知风格的学习者倾向于凭借内部感知（即主体感觉）来加工信息（杨治良、郭力平，2001），不易受外界因素的影响和干扰，更倾向于对事物做出独立的判断。场依存型认知风格的学习者在处理、加工信息时更倾向于参照外在事物和外部线索（杨治良、郭力平，2001），易受外界影响。从逻辑衍推看，场依存型认知风格的学习者对外界环境更为敏感，对话语使用的场景更为关注，其语用能力应该相对较高；而场独立型认知风格的学习者更关注其主体感受，对外界环境不是那么关注、敏感，所以其语用能力应该会相对较弱。刘军、黄世霞(2013)通过调查问卷的方式，考察我国大学生认知风格类型与语用能力之间的关系，具体结果见表5.6。

表 5.6 认知风格类型与语用能力水平的相关性

语用能力	场独立型	场依存型
Pearson Correlation	.034	$.937(^{**})$
Sig. (2-tailed)	.392	.002
N	10	120

表5.6显示，尽管场独立型认知风格与语用能力无显著相关性，但场依存型认知风格与语用能力则显著相关。也就是说，学习者的场依存型认知风格越明显，其语用能力往往越高。这与我们前面的推论基本一致：场依存型认知风格的学习者，因对外语环境更为敏感，对话语使用的语境更为关注，其语用能力也往往越高。

目前关于认知风格对语用能力影响的研究比较匮乏，相关研究亟待进一步展开。

5.5 结语

语用能力的发展是一个语言社会化的过程。这一过程中，语用能力的发展势必会受到多种因素的影响。本章从语言水平、语法能力、性格类型、认知风格等维度入手，分析这些因素对语用能力发展的影响。从理论衍推看，这些因素均会对语用能力产生影响。但从实证结果看，现有研究的结论并不完全一致。比如，部分研究支持语法能力的发展先于语用能力，有的则相反，认为语用能力的发展先于语法能力。造成实验结果差异的原因，可能主要与

第5章 语用能力发展的相关因素

所采用的方法、研究的视角、调查对象、调查工具等有关。相对于二语习得以及诸如心理学、教育学等社会科学而言，语用能力研究在研究工具的精密性、研究方法的科学性、研究结果的可推广性等方面尚需进一步提升。

此外，诸如母语迁移、性别、年龄、动机、态度等因素对语用能力发展影响的研究，也亟待展开。

第6章 语用能力的可教性与教学方法

语用教学一直是二语(含外语)教学与研究的重点内容。在外语环境中,学习者接触语用目标内容的机会不多,使用机会也不足。在母语习得过程中,父母经常会引导儿童如何恰当地使用语言;在学习二语时,学习者同样需要语用教学(Kasper & Schmidt, 1996)。在外语学习环境中,学习者缺少足够的目标语输入和接触(戴炜栋、杨仙菊,2005),没有语用教学的干预,学习者的外语语用能力很难得到充分的发展(Kasper, 1997; Bardovi-Harlig & Dörnyei, 1998)。即使学习者语言水平高、语法能力强,在未接受语用教学的情况下还是会经常出现语用失误。因此,语用教学是提高学生二语水平的重要环节。语用教学有三个经典问题,即语用知识是否可教、语用教学是否比仅仅让学习者接触目标语材料更有效,以及不同的教学方法是否会产生不同的效果(Kasper & Rose, 2002; Rose, 2005)。本章将围绕着这三个问题展开,讨论语用能力的可教性及其教学方法问题。

6.1 语用能力的可教性

外语环境中的语用教学确有必要,但是语用能力是否可教是"语用教学三大研究问题中最基本的一个,也是实施语用教学的前提"(Rose, 2005; 卢加伟,2013b,p. 206)。本节将首先关注语用能力的可教性,之后分析语用能力可教性与教学效果评估方式、语用教学内容以及学习者语言水平之间的关系。

6.1.1 语用能力的可教性研究

关于语用能力是否可教的研究可以追溯至20世纪80年代，这些研究一般采用单组语用教学或者实验组语用教学加控制组结合前后测对比的研究设计。在考察某个语用教学目标是否可教时，相关研究涵盖了不同语用学习目标的可教性问题，具体包括不同的言语行为，如道歉(Olshtain & Cohen, 1990)、请求(Safont-Jordà, 2003; Salazar, 2003; Takahashi, 2005b)、拒绝和抱怨(Morrow, 1996)等，还有研究探讨了小组讨论中的礼貌策略(Lo Castro, 1997)、语用惯例(Wildner-Bassett, 1994)、应对程式(Liddicoat & Crozet, 2001)、模糊限制语(Wishinoff, 2000)、会话组织(Yoshimi, 2001)等议题。

现有研究大部分认为语用能力是可教的(Morrow, 1996; Wishnoff, 2000; Bardovi-Harlig*et. al*, 2015; Halenko & Jones, 2017; Zhou & Deng, 2017)。莫罗(Morrow)(1996)对学生进行了拒绝和抱怨言语行为的语用教学实验，教学过程总共三个半小时，具体包括语用示例、语用语言形式的呈现以及游戏和角色扮演等，结果显示，语用教学对学生习得拒绝和抱怨言语行为的作用明显。周文、邓军(2017)采用语用教学实验组和控制组对比的研究设计，发现中国英语学习者在接受关于恭维回应语的显性语用教学后，实验组比控制组对恭维回应语的使用更好。

还有一些学者对语用教学的有效性进行了综述研究和统计分析，结果大多证明了语用能力的可教性(Kasper & Rose, 1999; Rose, 2005; Jeon & Kaya, 2006; Taguchi, 2011b, 2015; Plonsky & Zhuang, 2019)。然而也有研究发现语用教学并没有产生预期的效果(如 LoCastro, 1997; Safont-Jordà, 2003)，但这些都是有原因的。洛卡斯特罗(LoCastro)(1997)在对礼貌策略进行了为期9个星期的语用教学后，通过对一组学生阅读课上的对话录音来考察语用教学的效果，结果显示学生在礼貌策略的使用上没有任何变化。究其原因，该研究的测评方式存在问题：使用小组阅读课上的对话语料来分析礼貌策略的教学效果是远远不够的,学习者并没有机会充分展示语用教学的内容(Rose, 2005; 王晓燕,2014)。萨拉泽(Salazar)(2003)发现语用教学效果持续时间短,在教学结束后的测试中就无法看出了,其原因亦可解释:实验中的教学时间太短,仅仅持续了两个20分钟,而且第一个20分钟的课程还有一半的时间被用于教学前测,在如此短暂的时间内显然无法实施充分的语用教学。

6.1.2 语用能力的可教性与评估方式

语用能力的测试方式会影响对语用教学效果的测定。语用教学效果的评测方式主要分为两大类:接受型任务(receptive tasks)和产出型任务(productive tasks)(Plonsky & Zhuang, 2019)。其中,接受型任务包括合适度评分和选择填空任务等;产出型任务形式多样,包括日常或机构性对话、开放式角色扮演或者仿真任务、非开放式角色扮演和口头话语补全测试以及书面话语补全测试等(Bardovi-Harlig, 2013)。这些任务的真实度与难度逐渐降低,学习者接受同样的语用教学,不同的后测所体现的语用能力也存在差异。

总体上来说,采用接受型任务作为评估方式的语用教学效果更加明显。早期关于语用能力可教性的研究,若采用接受型的任务来评估教学效果,一般来说其结论是语用能力是可教的(如Bouton, 1994; Eslami-Rasekh, 2004)。布顿(Bouton)(1994)采用多项选择问卷的方式考察会话含意语用教学的效果,结果显示实施语用教学后学习者对规约会话含意的理解水平得到很大的提升。

研究者采用产出型任务作为语用教学效果的评估方式时,结果相对来说则不是很明显。比如,在使用角色扮演作为检测手段的实证研究中,语用教学效果不太明显。莱斯特(Lyster)(1994)教法语为第二语言的学习者学习Tu/Vous人称代词时,发现学习者可以完成选择题以及书面的产出练习,但在口头表达任务中却困难重重。也就是说，学习者在进行口头表达任务时语用教学的效果无法呈现。田口直子（2015）指出完成书面或者口头学习任务时，学习者的认知加工强度不同。对学习者来说，书面形式学习任务的认知加工强度相对不高，而完成角色扮演任务时，学习者需要进行更多的在线加工处理。因此，在使用口头表达任务或者其他涉及在线认知加工的语用测试来评估语用教学效果时，语用能力往往不可教。

还有部分研究教学效果评估方式的选择存在问题，直接影响了语用教学效果的呈现。如在上文提到的洛卡斯特罗（1997）的研究中，作者考察的是口语课上关于礼貌策略的教学效果，但是评估教学效果时，却采用了学习者阅读课上课堂讨论的文本作为语料，无法充分体现教学带来的学习效果。

6.1.3 语用能力的可教性与教学内容

语用教学的内容涵盖了言语行为、会话含意、语篇组织等内容（Alcón-Soler & Martíner-Flor，2008；陈新仁等，2013）。这些内容的语用教学涉及不同层面，语境因素会影响具体的语言使用，因此我们亦不可对不同教学内容进行简单的可教性判断。

从语用教学效果的具体研究来看，关于言语行为的语用教学研究是最多的（Alcón-Soler，2015；Taguchi，2015），而考察言语行为语用教学的实证研究中，有相当一部分考察的是请求言语行为的教学（Taguchi，2015）。就请求言语行为而言，从不同角度考察语用教学的效果，其结果也不尽相同（如 Takahashi，2001，2005；Safont-Jordà，2004；Takimoto，2006a，2006b，2007，2008；Alcón-Soler，2007 等）。萨冯特－乔达（Safont-Jordà）（2004）研究中的学习者接受了关于英语请求言语行为的显性教学，并在语用教学结束之后完成了话语补全测试以及角色扮演两种后测。结果显示显性语用教学可以有效地促进学习者正确地使用请求言语行为策略：学习者对规约性间接请求言语行为策略的使用量显著增加、对直接请求言语行为策略的使用显著减少；但是，对非规约性间接请求言语行为策略的使用并没有显著变化。

艾尔康-索莱尔（Alcón-Soler）（2007）在研究中也发现了这一倾向，显性和隐性教学之后，学习者都可以注意到不同的请求言语行为的表达方式，但不能识别非规约性请求言语行为的使用。

大部分言语行为教学研究发现语用教学是有效的，但不同言语行为的教学效果也存在差异。赛克斯（Sykes）（2009，2013）研究发现，道歉言语行为的教学效果比请求言语行为的教学效果更为显著。在接受语用教学之后，学习者使用的道歉语更加接近目标语，但请求话语策略的使用情况改善不多。这是因为道歉言语行为在目标语（西班牙语）中具有明显的程式化特征，结构和功能相对简单，所以比请求言语行为更易习得。同样，受语言结构和功能复杂度的影响，学习者在接受语用教学之后，并不能马上在道歉言语行为中恰当地使用外部修饰语。在科恩、石田一人（2005）的研究中，基于网络的日语语用教学包括恭维与恭维回应、致歉、致谢、拒绝以及请求言语行为，后测结果显示五种言语行为的网络语用教学都产生了不同程度的积极效果。由于不同言语行为本身在语用语言形式以及社交语用知识方面存在差异，学习者的语用习得情况也不尽相同，学习者对请求言语行为的习得效果最为明显，而恭维与回应言语行为的效果则不突显。

与言语行为的语用教学相比，会话含意尤其是非规约性会话含意的教学难度较大。布顿（1994）发现，语用教学可以对学习者理解规约性会话含意产生明显的效果，但对非规约性会话含意的推导则作用不明显，且目标语语用规则的透明度会影响语用教学效果。在自然语境中，学习者自然习得规约会话含意的过程缓慢、效率低下，但语用教学可以教授其中的规则，作用明显。就非规约性会话含意而言，由于语言表达形式会随着语境转换发生意义变化，具有变异性，其推导规则不太明显，语用教学效果就不显著。学习者只有在目标社区生活中多交流，才能慢慢习得。

综上所述，语用规则的透明度以及语用语言结构的简洁度会影响语用教学的效果。总体上，若语用规则简单透明或者语用语言形式简单，则语用教学可以快速有效地助力学习者提高语用能力。此外，认知语用加工强度可以解释语用教学内容和语用能力可教性的关系（Taguchi，2015）。语用规则清晰明了、语用语言形式简单，则对学习者的认知加工要求低，因此学习者可以高效地提升对应的语用能力；反之，则难度大大增加。

6.1.4 语用能力的可教性与学习者语言水平

关于语用能力的可教性还有个语言能力的门槛假说，即第二语言的语用能力发展过程中，学习者的语言能力是否需要达到一定的水平（Kasper，1997）。文献中关于语用能力教学研究的被试基本上都是中高水平学习者，关注初级水平学习者的研究（如Wildner-Bassett，1994；Tateyama *et al.*，1997；Pearson，2006）尚不多见。

就这几个研究而言，初学者可以在学习外语之初就开始接受语用教学。维尔德纳-巴西特（Wildner-Bassett）（1994）研究的是对德语初学者语用惯例语的教学效果情况，研究表明初学者在接受语用教学之后，在语用惯例语的质和量方面都有所进步，并且具备了一定的语境敏感意识。立山由美子（Yumiko Tateyama）等（1997）考察的也是语用惯例语的语用教学，皮尔逊（Pearson）（2006）关注的是西班牙语中指令言语行为策略的教学情况。立山由美子等（1997）的研究结果也是积极的，但皮尔逊（2006）发现学习者接受语用教学后并没有显著变化。从这几个为数不多的研究中，我们似乎可以看出，进行语用惯例语等程式化语用语言教学时，效果一般来说较为显著；但是语用教学内容变得复杂以后，语用教学效果要打折扣。这似乎说明，语用教学确实存在一种语言能力的门槛，但这并不意味着对初学者就不需要进行语用教学，而是说，初学者在语言学习之初就应该接受语用教学，语用教学可以与语法和词汇教学同步进行，这对于外语学习者尤为重要（Takimoto，2008）。

综上所述，研究中并没有充分的证据表明外语语用能力的发展不受二语教学的影响(Kasper, 1997),关于语用能力是否可教，答案显然是肯定的（Kasper, 1997; Rose, 2005; Taguchi, 2011b, 2015; Taguchi & Roever, 2017; Plongsky & Zhuang, 2019; 王晓燕, 2014)。接下来需要关注的是语用能力教学的核心问题——语用能力的教学方法问题,即语用教学如何开展以及何种教学方法的语用教学效果更佳。

6.2 语用能力的教学方法

罗斯(Rose)(2005)关于语用教学经典三问的最后一问涉及何种语用教学方法最为有效。相关研究发现外语课堂上关于语用内容的教学干预会对学习者语用能力的发展产生积极作用,研究中的各种教学方法在具体教学实践中有所区别,不同教学方法的作用程度存在差别。在这个部分,我们先回顾下语用教学研究中各种常见的语用能力教学活动,再来区分语用教学方法,并结合文献中的相关研究考察不同教学方法的效果。

6.2.1 二语课堂语用教学活动

在二语课堂教学中,教师可采取的教学活动多种多样,包括元语用信息讲解、真实语境输入、课堂练习、课堂小组讨论、纠错反馈等。

（1）元语用信息讲解

元语用信息讲解是指教师在二语课堂上向学生提供目的语语用特征的教学方式,主要涉及语用语言知识和社交语用知识,包括具体的语言表现形式、语境特征以及社会文化特征等。根据有意注意假说(Noticing Hypothesis)(Schmidt, 1993),提供元语用信息可以促进学习者注意到语言形式特征,并理解具体语用学习的规则和特征,注意和理解两个层面叠加起来,可以有效地促进学习者语用意识的提升，习得具体的社会行为规范以及具体语境中不同语言形式的使用（Ishihara & Cohen，2010）。

（2）真实语境输入

元语用信息讲解后，教师经常会在课堂上提供必要的目的语语用输入，比如关于目的语的视听活动，让学习者接触语言使用的真实示例和具体语境，培养其语境意识（Kasper，1997；陈新仁等，2013）。真实语境输入可以让学习者接触到多种语境下语言使用的方方面面（Alcón-Soler，2007），包括目标语用语言形式与社交语用信息。课堂上的真实语境输入通常会结合不同的输入强化活动展开，视听材料可以结合字母或者文本，使用粗体、彩色字体、下划线等印刷或书写方式促使学习者注意到目标语用教学内容。语用输入可以通过播放电影或者情景喜剧的片段展开，影视材料中包含了丰富的多感官输入，与真实交际接近。课堂上播放视频片段还可以提高学习者的学习兴趣，在真实语用输入匮乏的外语教学环境中尤为适合（Martíner-Flor，2008）。需要指出的是，影视材料中的语言使用并不能完全代表自然环境中的交际。在电影中，交际者使用的恭维语通常包括一些略显浮夸的词语，比如"stunning"或者"fabulous"，而非"beautiful"或者"nice"（Rose，2001）。因此，在选择影视材料提供语用输入时，教师必须充分判断不同语用输入内容的代表性与其适用性。

（3）课堂练习

课堂上的语言练习活动包括角色扮演、小组讨论以及教师一学生对话等互动形式。在进行这些练习活动时，学习者可以对语用教学目标的形式、功能和语境信息等产生注意。在角色扮演练习中，学生扮演预先设计好的社交框架中的角色，并依据角色关系进行特定的语言交际（Kasper & Rose，2002）。教师在课堂上采用角色扮演时，可以要求学生基于语料片段中的对话进行表演（如Alsuhaibaini，2020），也可以规定他们的角色，依据情景进行自由表演。根据语言产出假说（Swain，1995），学习者在语言产出过程中可以注意到自己语言系统中的空白，因而寻找语言输入中的相关资源。语言产出中的意义协商过程有利于学习者回忆、提取或者保留相关信息，从而促进信息提取自动化进程，提升语用流利度。

（4）课堂小组讨论

课堂小组讨论也是教学中常见的活动组织方式，教师也经常在课堂语用教学中组织学习者就语用教学内容展开讨论。小组讨论经常会和其他教学活动一起进行，比如在进行形式对比、形式搜索等教学活动时，为了加深学习者的理解，教师经常要求学习者结合小组讨论进行。在学习某言语行为时，要求学生通过讨论判定言语行为的中心行为、修饰语的使用以及不同策略的使用。在播放影视材料提供语用输入时，教师也可以组织学习者开展课堂小组讨论。

（5）纠错反馈

课堂上的纠错反馈可以通过明示或者暗示的方式进行。在进行明示反馈时，教师直接说明课堂上学习者的回复是否正确，并提供元语用信息进行解释说明（Takimoto，2006b）。暗示性反馈可以体现为重铸（recast）或者提示。在对学生的语用产出进行重铸时，教师会提供正确的语用表达方式。最近发展区理论认为与认知水平更高的交际者互动，有利于促进学习者认知能力的发展。课堂上学习者和教师之间的交际活动也是学习者思考和学习的工具，教师的重铸话语有利于学习者内化其新习得的知识和技能，是课堂师生互动经常出现的形式。提示是指通过请求澄清、重复、元语用暗示等方式进行反馈，以促使学生进行自我修正。

（6）其他教学活动

除上述教学活动外，课堂语用教学还包括形式对比和形式搜索等其他教学活动。语用形式对比是指学习者通过母语和外语的对比，发现如何在目标语中正确使用某个语用学习内容，以了解语用学习目标的语用语言形式及其应用的语境信息以及社交语用规则。形式搜索是指在课堂上教师明确语用学习的具体内容，学习者在语用输入材料中寻找目标语用表达。

以上是课堂语用教学中教师可以采用的各种教学活动。需要指出的是，在不同的课堂上，教师会依据教学目的、语用教学目标以及学习者因素等采用不同的活动，语用课堂一般不会同时涵盖以上所有的活动。

6.2.2 语用能力的显性教学与隐性教学

文献中关于何种语用教学方法更有效的研究多将外语课堂语用教学分为显性教学和隐性教学两种方式，这种分法沿袭了二语教学研究中对外语教学的区分（Schmidt，2001；Dekeyser，2003）。显性教学主要是有意识的语言学习（Ellis & Shintani，2014），其教学主要依据是施密特（1993，2001）的有意注意假说，课堂上教师引导学习者注意到学习目标以增强对所学内容的意识。在外语语用教学中，显性教学的主要特征是对教学内容的元语用阐释，包括语用语言知识以及社交语用规则（Kasper & Rose，2001）。课堂上显性语用教学通常包括演示、练习、产出（presentation-practice-production，即PPP）三个互相渗透的阶段（Ellis & Shintani，2014）。

在语用教学的演示阶段，教师给学习者呈现新材料以提升其意识程度，同时还会提供元语用信息。语用课堂上，教师可以采用各式各样的教学活动来进行意识提升（Ishihara & Cohen，2010）。在演示阶段，教师要进行意识提升和元语用信息讲解等活动。具体说来，课堂上教师可以要求学生反思自己在进行某个语言交际任务时所遇到的困难，分析自己如何完成该项交际任务，进行意识提升；接下来，教师可以有针对性地明确说明完成该项语言交际任务时的社交语用规则以及相关语言语用策略，进行元语用信息阐释。课堂语用教学还可以分为介绍、示例、讨论、反思四步（Haugh & Chang，2015）：教师首先介绍教学目标，再给学习者展示真实语用示例，然后让学习者就目标语与其母语中的语言使用情况进行对比，最后要求他们反思两者的相似与不同之处，这四种活动可以不同程度地提升学习者关于目标语的语用意识。简而言之，显性语用教学必须包括元语用阐释，但其顺序是任意的，在教学活动开始的时候或者在教学活动接近尾声的时候都可以进行。

隐性语用教学基于交际教学法，课堂教学的重点在于交际而非语言形式（Richards & Schmidt，2002）。隐性教学不需要对学习者解释语言现象，也无须提供语言使用的规则，其主要目的在于引起学习者对学习内容的注意，从而使学习内容进入学生的工作记忆，并让学习者的隐性学习机制加工处理。隐性教学体现为不同形式的输入强化活动（Smith，1991，1993），比如纠正性反馈、视觉强化（粗体或者斜体等）等。隐性教学还可以通过形式对比（母语与二语/外语）、形式搜索、重铸（recast）等方式实施。教学干涉最少的隐性教学也会让学习者自己发现教学内容，教师只是简单地提供语言输入，但也会增加目标教学内容的输入频次，形成输入流。

不少关于语用教学方法有效性的研究围绕显性教学展开，研究结果表明显性教学对于提高学习者的语用能力具有显著的作用（Yoshimi，2001；Safont-Jordà，2004；Van Compernolle，2011；魏冉，2015等）。但不同研究中开展的显性教学活动存在较多的差异。萨冯特-乔达（2004）研究中的显性教学活动包含语用规则讲解、外语与母语的语用形式对比、语用输入中识别请求研究行为、根据具体语境选择请求言语行为表达以及讨论等。在考察语用教学对英语作为外语的学习者请求言语行为习得的影响时，魏冉（2015）的语用教学实验组分别为明示教学组、教学重铸组以及教学提示组。在三个小组的课堂上，教师都提供了元语用知识讲解，其中教学重铸组还提供了教师的一对一重铸训练，教学提示组接受了教师的一对一反馈训练。即时以及延时的后测结果显示三组显性语用教学效果显著，其中效果最为明显的是教学提示组的教学，说明课堂上的一对一反馈和元语用知识的讲解结合起来对学习者语用能力发展的促进作用最为明显。

第6章 语用能力的可教性与教学方法

与考察显性教学的研究相比，纯粹考察隐性语用教学效果的研究相对较少，这些研究一般也能说明隐性教学可以提升学习者的语用能力（Fukuya & Zhang, 2002; Takahashi, 2005b; Takimoto, 2006a, 2006b; Alsuhaibani, 2020; Taguchi, 2015）。阿尔苏海巴尼（Alsuhaibani）（2020）的研究对比的是意识提升法和基于语料库的教学法。研究中的意识提升法共包括五个步骤，首先作者给学习者展示了既往研究中的恭维回应策略，再结合文献中恭维回应的类型和使用频次与学习者的母语进行对比，然后要求学生在电视、采访等真实语料中观察并收集恭维回应的示例，讨论恭维回应的恰当和不恰当用法，最后再进行角色扮演。基于语料库的教学中，教师的干预同样比较多样：首先给学习者呈现COCA语料库中不同恭维回应的使用示例，提供真实语料的输入，并引导学习者讨论不同策略的使用以及社交语用方面的注意事项；再将母语（阿拉伯语）和英语语料库中恭维回应的使用情况进行对比分析，最后要求学习者自己在COCA语料库中搜索恭维回应语的示例，带到课堂讨论，并就收集到的例子进行角色扮演。作者没有明确隐性教学的说法，但是细看阅读可以发现，作者并没有在课堂中明确地提供元语用信息，因此研究中的意识提升法和基于语料库的教学法都属于隐性教学的范畴。研究结果发现，这两种教学方法都可以有效地促进学习者关于恭维回应的语用习得，并且两种方法之间没有显著差异。

福谷义守（Yoshinori Fukuya）、张瑶（2002）专门考察了外语课堂上重铸对中国英语学习者学习请求言语行为的影响。学习者在课堂上练习请求言语行为的角色扮演对话，分别涉及高风险与低风险的14个场景。学习者在对话完成后，教师根据每对学习者对话中的请求言语行为的实施情况进行重铸，也就是纠正性反馈。教师先用升调重复学生表达不当或者有误的请求形式，再用升调"you said"强化提示，接着给出符合交际场景的目标语请求方式，最后用升调"si"结尾，整个过程不仅对学习者的目标语进行纠正，还通过语调变化进行提示，使学习者注意到请求言语行为正确的

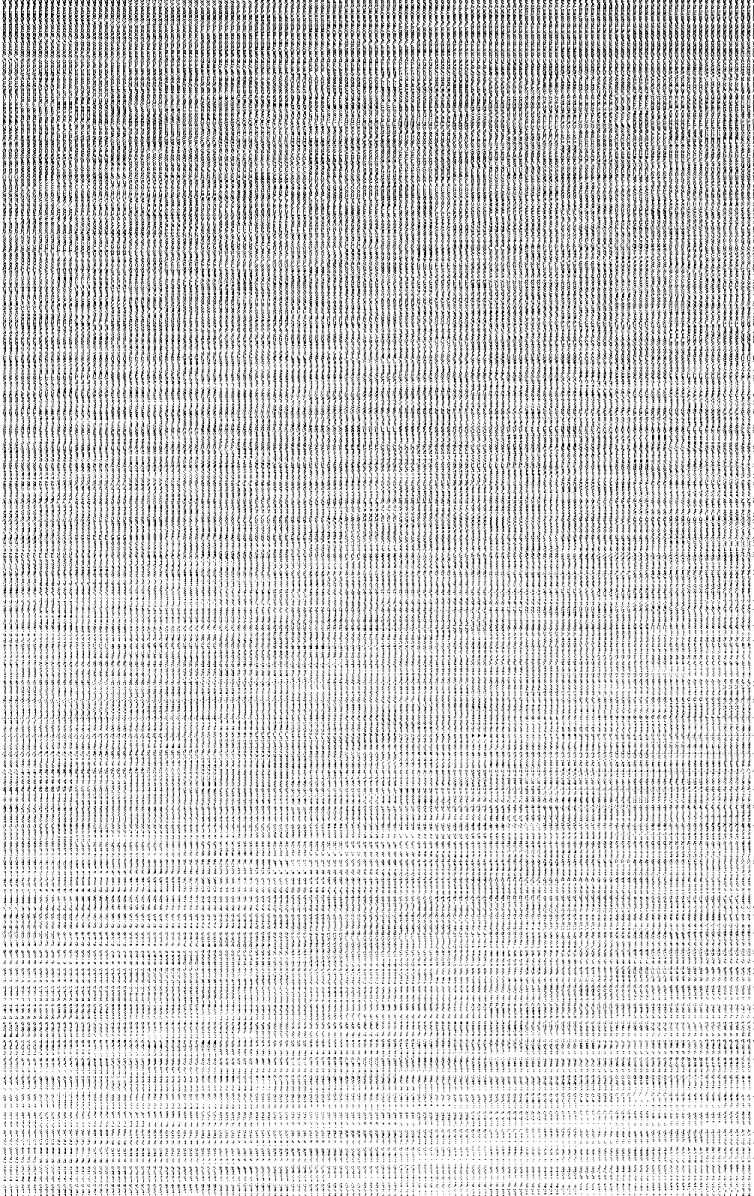